L'ABBAYE
DE NORTHANGER.

Tout exemplaire sera revêtu de mon cachet.

L'ABBAYE DE NORTHANGER;

Traduit de l'anglais de JEANNE AUSTEN,

AUTEUR D'ORGUEIL ET PRÉJUGÉ, DU PARC DE MANSFIELD, DE LA FAMILLE ELLIOT, DE LA NOUVELLE EMMA, etc.

Par Mme. HYACINTHE DE F****.

TOME PREMIER.

PARIS,
PIGOREAU, Libraire, place Saint-Germain-l'Auxerrois, n°. 20.

1824.

A. Metz, de l'Imprimerie d'E. HADAMARD.

NOTICE
BIOGRAPHIQUE.

Tome I.

NOTICE
BIOGRAPHIQUE.

L'ouvrage que j'offre au public, est la production d'une plume qui a déjà plus d'une fois contribué à ses plaisirs. S'il ne s'est pas montré insensible au mérite : de Raison et Sensibilité — d'Orgueil et préjugé — de Mansfield Parck — d'Emma, — quand il saura que l'auteur de ces ouvrages est maintenant renfermé dans la tombe, il lira peut-être avec plus d'intérêt que de curiosité un abrégé succint de la vie de *Jeanne Austen*.

Une vie remplie par la religion et la littérature n'est pas fertile en événemens.

NOTICE BIOGRAPHIQUE.

Il est consolant pour ceux qui gémissent de la perte de *Jeanne Austen*, de penser que comme elle n'a jamais mérité de reproches, aussi elle n'a jamais eu de chagrins à essuyer dans le cercle de sa famille et de ses amis. Ses désirs étaient raisonnables et généreux : parmi les contrariétés de la vie, elle ne s'est jamais laissé aller au découragement et au dépit.

—*Jeanne Austen* naquit le 16 décembre 1775, à Steveton, dans le comté de Hantz ; son père avait été Recteur de la paroisse pendant quarante ans. Il administra seul, et toujours avec activité et vigilance, jusqu'à l'âge de 70 ans, qu'il se retira avec sa femme et ses deux filles à Bath, pour y passer le reste de sa vie, qui dura encore environ quatre ans. Comme il était un homme instruit, et qu'il possédait un goût exquis pour tous les genres de littérature, il n'est pas étonnant que sa fille Jeanne, dès sa première jeunesse, ait été sensible aux charmes du style et enthousiaste de la culture de sa propre langue.

À la mort de son père elle alla demeurer pendant quelque tems avec sa mère et sa sœur, à Southampton, et en dernier lieu, en 1809, dans le joli village de Chawton, situé dans le même Comté. C'est là qu'elle publia des ouvrages estimés par quelques personnes à l'égal de ceux des Arbley, des Edgeworth. Elle les conservait long-tems avant de les publier, parce que, se défiant de son jugement, elle avait adopté la méthode de les relire plusieurs fois et à quelques intervalles, pour ne les livrer à l'impression qu'après avoir laissé effacer ou au-moins affaiblir l'effet d'une composition récente.

Sa bonne constitution, la régularité de sa vie, ses occupations douces et tranquilles semblaient promettre au public une longue suite de jouissances, et à elle la gloire d'une réputation chaque jour plus célèbre; mais dès le commencement de 1816, les symptômes d'une maladie incurable se manifestèrent. Les progrès du mal furent d'abord peu sensibles; dans le mois de mai 1817, il fut nécessaire de la conduire à Windschester pour y recevoir les secours journaliers de la médecine. Pendant deux mois elle supporta avec la plus grande résignation les douleurs que cause une nature qui se détruit et le dégoût occasionné par les remèdes. Elle conserva jusqu'à la fin sa mémoire, son imagination, l'égalité de son humeur, ses tendres affections, et toutes ses qualités dans toute leur intégrité; ni son amour pour Dieu, ni son attachement pour ses amis, ne s'affaiblirent un instant. Elle voulait recevoir publiquement les derniers sacremens; mais son excessive faiblesse ne le lui permit pas. Elle écrivit tant qu'elle put tenir la plume, et quand celle-ci devint trop pesante pour elle, elle la remplaça par un pinceau.

La veille de sa mort, elle composa des stances étincelantes d'imagination et pleines de vigueur. Ses dernières expressions furent des remercîmens pour les soins que son médecin lui avait rendus; ses derniers mots furent sa réponse à la demande qu'on lui faisait pour savoir si elle n'avait besoin de rien; je n'ai besoin que de mourir, dit-elle, et elle expira le vendredi 18 juillet 1817, dans les bras de sa sœur, qui aussi bien que l'auteur de cette notice, n'en perdra jamais le triste souvenir.

Jeanne Austen fut inhumée le 24 juillet, dans une chapelle de la Cathédrale de Windschester, ou reposent les cendres d'un grand nombre de personnages célèbres.

Elle était douée de tous les avantages qui séduisent : une taille élevée et svelte, des mouvemens gracieux, des traits réguliers, dont l'expression était celle de la douceur, de la bienveillance, de la sensibilité, composaient l'ensemble de sa personne. Elle était très-blanche et avait le teint très-beau ; on pouvait dire poétiquement et cependant avec vérité, que sur ses joues modestes, on lisait que son cœur était éloquent. Sa voix était de la plus grande douceur : elle parlait avec abondance et précision : elle était formée pour faire le charme de la société. Sa conversation était aussi agréable que ses ouvrages ; elle avait des connaissances en peinture, art dont elle s'était occupée avec succès pendant sa jeunesse, ainsi que de la musique et de la danse ; je ne puis mieux compléter l'idée que je voudrais donner d'elle qu'en disant qu'elle charmait tous les momens des heureux amis qui vivaient en sa société.

L'opinion générale, qu'un tempérament calme est incompatible avec une imagination vive et un esprit fin est démentie par l'exemple de notre auteur. Tous ceux qui ont eu le bonheur de la connaître en ont fait l'observation. Quoique les fautes, les faiblesses et les folies fussent hors de sa nature, elle était indulgente, et cherchait toujours les raisons qui pouvaient excuser les coupables. L'affectation d'ingénuité est commune ; mais chez elle c'était l'ingénuité même ; aussi parfaite qu'il est donné à la nature humaine de l'être, elle trouvait toujours dans les fautes des autres des motifs pour les excuser, les pardonner, les oublier : quand toute justification était impossible, elle gardait le silence.

Elle ne proféra de sa vie une parole de haine, de dureté, de colère ; enfin son caractère était aussi poli que son esprit.

On ne pouvait la connaître sans désirer son amitié, et se féliciter de l'avoir obtenue. Elle était tranquille, sans réserve ni froideur, communicative sans indiscrétion ni vanité ; elle devint auteur uniquement parce que c'était son inclination. Ni l'espoir de la fortune, ni celui de la célébrité n'y contribuèrent en rien. Quelques-uns de ses ouvrages furent composés plusieurs années avant leur publication. Ce ne fut qu'avec bien de la peine que ses amis, dont elle estimait le jugement, mais dont elle craignait la partialité, parvinrent à obtenir qu'elle fît imprimer le premier. Elle était si persuadée qu'elle n'en retirerait pas les frais, qu'elle s'imposa une retenue sur son revenu pour remplacer la perte à laquelle elle s'attendait.

Elle eut de la peine à croire celui qui lui donna la bonne nouvelle que *Raison et Sen-*

sibilité lui valait net 150 livres sterling ; elle jugeait que cette somme était trop forte pour si peu de peine. Ses lecteurs s'étonneront au contraire qu'elle fût si faible , lorsque certains auteurs ont reçu plus de guinées qu'ils n'ont écrit de lignes. Cependant les ouvrages de notre auteur dureront autant que ceux qui ont eu le plus d'éclat; et le public lui rendra toujours la justice qu'elle mérite. Sa modestie était si grande, qu'elle ne put jamais se décider à placer son nom à la tête des ouvrages qu'elle publia elle-même.

Dans l'intimité de sa famille, elle parlait volontiers de ses œuvres, en écoutait la critique, était flattée des éloges, mais elle évitait de s'attribuer la réputation d'auteur. Elle lisait parfaitement. Elle aimait passionnément les beautés de la nature, savait également les admirer dans les arts d'invention. Elle avait été touchée du mérite de Gilpin, peintre renommé.

Dans le cours de sa vie elle changea rarement d'opinion sur les hommes et sur les choses.

Ses connaissances littéraires étaient étendues, sa mémoire excellente ; ses écrivains favoris furent John pour la morale, et Cowper pour la poésie. Elle admirait Richardson ; et les beaux caractères, qu'il a tracés dans ses ouvrages, étaient l'objet de ses études. La justesse de son esprit l'empêcha d'imiter le dernier dans la prolixité du style et la minutie des détails. Elle estimait moins les ouvrages de Fielding : pour elle la vérité des détails ne compensait pas suffisamment la honte du choix de sujets mauvais et trop bas.

Son talent pour créer des caractères était naturel et infini. Le style de sa correspondance était le même que celui de ses nouvelles. Tout ce que sa plume traçait était parfait ; elle avait des idées claires sur chaque sujet, ses expressions étaient toujours bien choisies, et je crois ne rien hasarder en assurant qu'elle n'a rien écrit, ni lettre, ni billet, qui ne fût digne de l'impression.

Un seul et dernier trait nous reste à tracer, c'est le plus important de tous. Elle était pieuse et pleine de religion. Elle craignait sans cesse d'offenser Dieu. Elle était instruite sur les principes de la religion, qui était pour elle un sujet de fréquentes méditations ; ses opinions sur ce point étaient parfaitement conformes à celles de l'église anglicane.

L'ABBAYE

DE NORTHANGER.

CHAPITRE I.

De toutes les personnes qui ont connu Catherine Morland, dans son enfance, il n'en est pas qui aient dû la croire née pour figurer comme héroïne de roman. Le caractère de son père, celui de sa mère, le sien propre, sa personne, sa position dans la société, tout enfin semblait la destiner à l'obscurité, qui est le partage de la multitude. Son père, Pasteur respectable, n'avait rien de distingué, ni dans la personne, ni dans les manières; il s'occupait beaucoup du soin de sa fortune, modeste, mais indépendante, et très-peu de l'éducation de ses enfans. Mistriss Morland joignait le bon sens à la bonhomie; bien constituée, elle avait eu trois fils avant la naissance de Catherine, et, en dépit de la prédiction de plusieurs bonnes femmes de son voisinage, qui lui avaient prophétisé qu'elle perdrait le jour en le donnant à cette dernière, elle eut encore depuis six autres enfans. La santé parfaite de cette bonne mère, heureuse de voir tous ses enfans croître autour d'elle, donnait un grand échec à la science des tireuses d'horoscopes.

C'est une belle famille que celle qui est composée de dix enfans, tous sains et bien conformés! Voilà ce qu'on admirait dans celle de Mistriss Morland. On y remarquait aussi un trait commun à tous, celui d'une simplicité un peu trop grande peut-être, dont Catherine n'était pas plus exempte que les autres.

Dans la plus tendre jeunesse, Catherine avait de la vivacité dans les yeux, mais son teint était pâle; ses cheveux étaient noirs, sans boucles et peu épais, ses traits gros, ses membres forts; enfin son corps ne semblait pas, plus que son esprit, destiné par la nature à représenter, comme je l'ai déjà dit, le principal personnage d'un roman. Elle n'aimait que les jeux des petits garçons; elle s'amusait plus à tourmenter un hanneton, qu'à faire la toilette de sa poupée ; à élever un moineau, qu'à soigner ces roses, dont les auteurs représentent la culture, comme l'amusement chéri des jeunes beautés, desquelles ils nous donnent l'histoire : voulait-elle des fleurs, elle les arrachait plutôt qu'elle ne les cueillait, encore était-ce pour les effeuiller et les éparpiller aussitôt.

Elle ne montrait de dispositions pour aucune chose ; elle ne faisait attention à rien de ce qu'elle entendait, ne s'appliquait à rien de ce qu'on lui apprenait, n'en retenait rien. Sa mère avait été trois mois à lui faire répéter son Pater, et malgré cela, sa jeune sœur Sally, le savait beaucoup mieux qu'elle.

Toutefois Catherine n'était ni stupide, ni sans moyens : elle apprit, aussi vîte qu'aucune autre jeune personne, la fable du *Lièvre et de ses amis*. Comme elle s'était habituée à faire résonner les cordes d'un ancien instrument qu'elle trouva dans un coin de la maison, elle consentit avec joie au désir que sa mère avait de lui faire apprendre la musique. Elle s'en occupa pour la première fois à huit ans; mais elle s'en lassa bien vîte. Mistriss Morland, qui ne voulait pas faire de ses filles des virtuoses, en dépit de leur goût et de leurs dispositions, donna son consentement au renvoi du maître, et ce jour fut un des plus heureux de la vie de Catherine.

Son goût pour le dessin n'était pas plus prononcé. Elle ne manquait jamais, à la vérité, de prendre les feuilles blanches des lettres que recevait rarement sa mère, et les morceaux de papier qu'elle trouvait, pour crayonner dessus des maisons, des arbres, des poules, etc.; mais tous ces objets se distinguaient fort peu l'un de l'autre. Son père lui montrait à écrire et à compter; sa mère lui apprenait un peu de français. Ses progrès étaient très-faibles; son principal soin était d'échapper aux leçons.

Son caractère, quoiqu'assez bizarre, n'était cependant pas mauvais; son cœur était bon. Rarement elle était entêtée, presque jamais querelleuse; quoique turbulente, et un peu grossière, elle était assez douce avec ses jeunes compagnes; elle n'aimait pas de rester à la maison; enfin, elle n'était pas très-propre, et son plus grand plaisir était de se rouler sur le plancher ou sur le gazon.

Telle était Catherine Morland, à l'âge de dix ans. A quinze ans, il s'était opéré en elle un changement remarquable : son teint était devenu plus clair, ses traits s'étaient adoucis, ses yeux s'étaient animés ; elle avait les jolies couleurs de la jeunesse, et un peu d'embonpoint ; sans être belle, elle était devenue assez agréable : les goûts qu'elle avait eus dans l'enfance étaient remplacés par d'autres plus convenables, tels que ceux d'arrangement et de propreté : elle commençait même à soigner sa toilette ; elle avait alors le plaisir d'entendre quelquefois ses parens remarquer ce changement avantageux, et se dire : « Ca-« therine est tout-à-fait gentille... au-« jourd'hui elle est presque jolie... » Il est bien doux à quinze ans de savoir qu'on est jolie, surtout lorsqu'on n'avait entendu parler jusques là que de ses défauts.

Mistriss Morland était une bonne mère, elle désirait que ses enfans fussent bien élevés ; mais son temps était tellement employé à soigner et à instruire les plus jeunes, que les aînés devaient nécessairement être négligés, et s'occuper eux-mêmes de leur éducation, pour acquérir quelques talens.

Ainsi Catherine, abandonnée à elle-même, n'avait que des goûts et des idées très-simples, et préferait naturellement, à quinze ans, les jeux et les exercices de cet âge, à l'étude et à la lecture, du moins à la lecture des livres sérieux ; car elle lisait assez volontiers ceux qui ne contenaient aucune leçon, aucune réflexion, et qui ne demandaient aucune application.

Mais de quinze à dix sept ans ce ne fut plus la même chose : elle lut, des ouvrages de nos poëtes, ceux dont une héroïne doit avoir indispensablement la mémoire ornée, afin de pouvoir en citer à propos divers passages. Par exemple, elle apprit de Pope à s'indigner contre ceux qui

« Entourent le malheur de mépris, »

« *bear about the mockery of woe.* » de Gray

« Qu'un grand nombre de fleurs
« naissent dans le désert, y brillent,
« l'embaument et disparaissent sans
« avoir été admirées. »

« *Many a flower is born to blush unseen,*

« *And waste its fragrance on the desert air.* »

De Thompson

« Que c'est une occupation ennuyante que celle d'*animer et de développer une jeune imagination.* »

— « *It is a delightful task*
« *To teach the young idea how to shoot.*»

Dans Shakspeare, ses idées prirent un plus grand essort; entre plusieurs pensées remarquables, elle retint celle-ci:

« Que pour la jalousie, les soupçons les plus légers, sont des preuves authentiques. »

— « *Trifles light as air*,
« *Are, to the jealous, confirmation strong,*
« *As proofs of Holy Writ.*»

« Que nous faisons éprouver à l'in-

« secte que nous foulons aux pieds sans
« y faire attention, des douleurs tout
« aussi cruelles que celles que le plus
« grand des êtres peut ressentir par
« une mort violente. »

« *The poor beetle, which we
tread upon,*
« *In corporal sufferance feels a
pang as great*
« *As when a giant dies.* »

« Que les regards d'une jeune femme
« sensible sont comme ceux de la rési-
« gnation, appuyée sur un tombeau
« et souriant au malheur. »

—— « *like Patience on a monu-
ment
Smiling at Grief.* »

Ce qui était bien suffisant pour
son instruction littéraire.

Elle finit aussi par acquérir quelques connaissances sur d'autres objets : sans être capable de faire des vers, elle parvint à goûter ceux qui étaient bien faits ; sans être virtuose, sans s'extasier quand elle entendait un morceau de Rossini, elle parvint à l'écouter sans ennui, et même à juger assez sainement de l'exécution. Mais le dessin était encore resté pour elle une occupation inconnue ; elle n'en avait pas la plus légère notion, et n'aurait pu crayonner la plus simple esquisse ; n'ayant aucune amie de cœur dont elle désirât conserver l'image tracée de sa main, n'ayant encore rencontré aucun homme qui occupât son imagination, elle regrettait peu et ne sentait nullement la privation du plus aimable des arts.

Catherine était parvenue à l'âge de dix-sept ans, sans avoir inspiré une grande passion, sans avoir excité d'admiration, sans avoir entendu les louanges de la flatterie, et celles de l'éxagération :

Ce serait sans doute, une chose étonnante, si quelques lords ou quelques baronnets eussent habité dans son voisinage; mais il n'en existait aucun dans les environs de Fullerton; mais on n'y rencontrait aucune famille dans laquelle on eût élevé un enfant, déposé avec mystère près du chateau, aucun jeune homme dont la naissance seulement fut inconnue, M. Morland n'avait point de pupile, le ministre du lieu n'avait point de fils. Toutefois si Catherine est destinée à la célébrité du roman, fut-elle dans un désert, il y viendra Chevalier, Baronnet ou Prince; gardez vous d'en douter !

Cependant près de Fullerton en Wiltshire, il existait un bien considérable dont M. Allen, attaqué de la goutte, était devenu propriétaire. Le médecin lui ordonna les eaux de Bath; Mistriss Allen devait y suivre son mari.

Mistriss aimait Catherine; elle l'invita à les y accompagner. Celle-ci fut enchantée de la proposition, à laquelle M. et Mist. Morland donnèrent leur consentement avec joie, quand ces excellens parens virent combien elle faisait de plaisir à leur fille.

CHAPITRE II.

Notre héroïne va être lancée dans un monde qui lui est inconnu : elle a dix-huit ans, son caractère est doux, son cœur bienveillant, ses manières obligeantes et franches; elle n'a plus cet embarras ordinaire aux jeunes personnes élevées à la campagne; cette niaiserie qu'elles conservent presque toujours a disparu; Catherine peut plaire; son ensemble est agréable, son esprit a acquis de la justesse et son humeur de l'amabilité.

Aux approches du départ, sans doute que les anxiétés maternelles vont agiter Mistriss Morland; mille pressentimens funestes vont la tourmenter; cette cruelle

séparation va oppresser son cœur sensible; pendant les derniers jours, un déluge de larmes inondera ses yeux; sans doute qu'elle prodiguera les avis pour prémunir sa fille chérie contre les séductions, qui ne manqueront pas de l'environner, et aussi contre les piéges qui de toutes parts vont être tendus à son innocence. Elle la préviendra contre cette foule de jeunes seigneurs, dont la principale occupation est d'inspirer de l'amour aux jeunes beautés, de les enlever, de fuir avec elles en des pays lointains. Que ne devra-t-elle pas craindre enfin pour sa tendre fille? que ne devra-t-elle pas lui dire, enfermée avec elle dans le cabinet le plus isolé de son appartement?................
. . , ...

Mais la bonne Mistriss Morland n'a point de cabinet isolé ; elle n'a jamais connu ni lords, ni baronnets ; jamais elle n'a entendu parler de leurs mœurs ; elle n'a point lu de romans, et n'a pas la plus légère notion des dangers qu'une jeune personne peut courir dans le monde. Sa prudence ne lui suggéra donc point d'autre recommandation à faire à sa fille, que celle de s'envelopper dans son schall, quand elle sortirait le matin et le soir, afin de se préserver des rhumes, et des maux de gorge ; d'inscrire soigneusement sa dépense : elle lui donna un petit registre à cet usage.

Sally, ou plutôt Sarah, (car elle entrait, dans l'âge où les jeunes personnes cessent d'être appelées par le diminutif de leur nom) Sarah, dis-je, étant la meilleure, ou même la seule amie de sa sœur, doit aussi être sa confidente intime, et la dépositaire de ses plus secrets sentimens. Cependant Sarah ne lui demandera ni lettre à chaque courrier, ni le détail de la personne et du caractère de toutes les nouvelles connaissances qu'elle doit faire, ni la rélation de tout ce qu'elle doit voir et entendre à Bath : elle se bornera à la prier de lui donner quelquefois de ses nouvelles.

Toutes les choses enfin, relatives à cet important voyage seront, de la part des Morland, simplement et sérieusement disposées....

L'émotion, causée par cette première séparation, sera touchante; mais sans éclats déchirans. M. Morland, au moment du départ de sa fille, ne lui donnera pas un crédit illimité sur son banquier; il ne lui mettra pas dans la main, en la lui serrant avec expression, quelques cents livres sterling, en billets de banque, ou en or; il lui donnera simplement dix guinées, en lui recommandant de les ménager; ajoutant toutefois que, si elles étaient insuffisantes, il lui en enverrait d'autres.

Tels furent, en effet, les auspices sous lesquels le voyage commença. Il se fit doucement, tranquillement, et sans aucun accident: les voyageurs ne furent assaillis ni par des orages, ni par des voleurs: ils n'eurent d'autre inquiétude que celle que Mistriss Allen éprouva pendant une demi-journée, croyant avoir oublié dans une auberge sa pelisse, qui heureusement se trouva le soir dans un des coffres de la voiture.

En approchant de Bath, Catherine était ravie ; elle regardait avec avidité tout ce qui s'offrait à sa vue ; elle admirait la beauté des campagnes qui entourent ce lieu : entrée dans la ville, les bâtimens qui étaient sur son passage, les rues mêmes qu'elle traversait, tout enfin était l'objet de son admiration et de son enchantement. On prit un logement convenable dans Pulteney-street.

Avant d'aller plus loin, nous croyons devoir donner sur Mistriss Allen quelques détails nécessaires pour que nos lecteurs fassent connaissance avec elle, et jugent comment à l'avenir, si cela arrive, elle aura occasionné les malheurs qui viendront probablement assaillir notre héroïne, malheurs causés soit par imprudence, soit par ignorance, soit par jalousie, soit en interceptant des lettres, soit en ruinant la réputation de celle qu'elle aura reçue dans sa maison, soit enfin en l'expulsant; tous événemens indispensables.....

Mistriss Allen, était de ces femmes qui ne peuvent jamais faire naître d'autre sentiment que celui de l'étonnement qu'il se soit trouvé dans le monde un homme capable de l'aimer assez pour l'épouser. Elle manquait de beauté, d'agrémens, et d'esprit : son air était assez doux, et extrêmement calme; elle avait de l'indolence dans les manières, de la puérilité dans la conversation; tels étaient les charmes qui avaient entraîné M. Allen qui cependant ne manquait ni de bon-sens, ni de tact.

Sous certains rapports, elle était excellente pour introduire une jeune personne dans le monde : elle aimait à tout voir, elle aimait à être vue : la parure était sa passion ; elle en parlait sans cesse. Quatre jours passés avec elle suffirent à Catherine pour être parfaitement instruite de ce qui concernait les modes, de l'attention qu'il fallait apporter au choix d'un chapeau, à la forme d'une robe, enfin pour faire l'acquisition de tous ces objets de parure.

Ainsi elles se trouvèrent disposées à faire leur entrée dans le grand salon de l'établissement de Bath. Catherine se para ; sa toilette fut examinée dans le plus grand détail par Mistriss Allen, et par sa femme de chambre, elles la trouvèrent parfaite ; ce jugement pouvait faire espérer à Catherine de ne pas être l'objet de la critique; quant aux éloges, elle était trop simple pour en rechercher ; et si elle trouvait quelque fois du plaisir à les recevoir, elle ne cherchait jamais à les exciter.

Mistriss Allen mit plus de tems à sa parure, et prit beaucoup de précautions pour se rendre ridicule. Elle se procura en outre l'avantage d'arriver fort tard au salon, l'agrément d'être pressée, d'être foulée en tous sens par la nombreuse et bruyante société qui était rassemblée depuis plusieurs heures. Quant à M. Allen, il sut se glisser jusqu'à la salle de jeu, et laissa ses dames se tirer d'affaire.

Que de soins ne fallut-il pas alors pour pénétrer ! Mistriss devait diriger sa pupille ; plus encore, ne fallait-il pas préserver une robe neuve du danger éminent d'être froissée : rompre un groupe d'hommes qui obstruaient la porte n'était que le premier de leurs travaux ; Catherine se tenait pressée près de sa conductrice, elle avait pris son bras, elle n'osait le quitter au milieu des flots ondoyans de la multitude, et arrivait enfin dans la première pièce de l'établissement, mais bien pour y rencontrer un encombrement plus considérable, et non ces délices qu'elle espérait goûter.

Elle s'était figuré trouver une place commode ; elle croyait jouir du plaisir de voir danser, et ce n'était qu'avec des peines inouïes qu'elle devait arriver jusqu'à l'extrémité de la salle, qu'elle devait y trouver un simple banc, surnommé banquette, placé sur un lieu élevé, d'où elle pourrait apprécier la difficulté vaincue d'un passage hardi effectué au milieu d'une foule toujours croissante, et jouir du plaisir d'être vue comme elle aurait celui de voir.

Arrivée à cette banquette Catherine pensa qu'elle était au bal; elle put distinguer quelques masses de danseurs, et sentit elle-même le désir de se mêler aux quadrilles. Mais nouvel inconvénient! Entre mille cavaliers aucun ne se présentait pour être son *partener*. Mistriss Allen lui disait, dans cette circonstance: « O ma chère, que je voudrais vous voir danser ! » Là se bornait son pouvoir, et le même souhait se répétait à chaque nouvelle danse avec tant de monotomie et si peu d'effet, que Catherine ennuyée d'entendre toujours la même chose, n'eut d'autre parti à prendre que celui de cesser d'écouter et de répondre.

Il ne lui était pas donné de pouvoir jouir longtems sur cette banquette, si laborieusement conquise, d'une tranquillité parfaite. L'heure de prendre le thé vient d'arriver. Un mouvement nouveau s'annonce et porte vers une autre salle toute l'assemblée : nos dames sont encore une fois pressées de toutes parts ; elles sont portées plutôt qu'elles ne marchent..... Les peines confiées deviennent plus douces. Mais là pas un voisin, pas un ami, avec lequel on puisse s'entretenir des souffrances que l'on endure dans cette réunion de plaisirs ; changement continuel de voisin équivaut à un délaissement complet.

Quelle contenance garderont-elles dans la salle du thé? Leur isolement est complet; M. Allen ne revient pas; elles n'ont pas une personne, pas un seul gentleman qui vienne leur offrir ses soins. Que faire? où se mettre?... Il faut se résoudre, après avoir longtems regardé de tous côtés, à prendre les places qui restent au bout d'une longue table déjà occupée.

Elles étaient bien embarrassées de leur personne, et ne savaient que dire.

Mistriss Allen, prenant enfin la parole, se félicita beaucoup d'avoir préservé sa robe de tous les accidens dont elle avait été menacée depuis leur arrivée. « Il serait très-fâcheux qu'elle eût été déchirée, n'est-il pas vrai, dit-elle. Cette mousseline est si fine! Je puis vous assurer que je n'en ai pas vu de semblable dans toute la salle. — Combien il est désagréable, murmurait à demi-voix Catherine, de n'avoir pas une seule connaissance ! — Oui, ma chère, répondait Mistriss Allen de l'air le plus calme, très-désagréable en vérité. — A la manière dont ces dames nous regardent, je crains que nous n'ayons commis une inconvenance, en venant nous asseoir à leur table, ou qu'elles ne pensent que nous voulons indiscrétement nous mêler à leur société. — Je suis vraiment fort embarrassée ; que n'avons-nous ici quelques amis ! — Si nous en appercevions, nous irions bien vîte les joindre. — Assurément, ma chère. Les Skinners étaient ici l'année dernière. Je voudrais les y voir aujourd'hui. — Ne ferions-nous pas mieux, Mistriss, de nous retirer ? Vous voyez que nous ne pouvons prendre ici, ni thé, ni autre chose, n'ayant personne pour nous en présenter. — Cela est vrai et bien fâcheux ; cependant, en considérant la foule qu'il nous faudrait traverser, je crois qu'il vaut mieux rester où nous sommes ; mais, ma chère, jettez un coup d'œil sur ma coiffure, j'ai été tellement pressée, que je crains qu'elle ne soit dérangée. — Elle ne l'est nullement..... Est-il donc possible, chère Mistriss Allen, que dans cette nombreuse assemblée vous ne connaissiez personne ? J'ai peine à me le persuader. — Je vous assure cependant que cela est. Voyez donc quelle singulière femme ! Que sa robe est affreuse et antique ! Examinez sa tournure.

Après un tems assez long, un de leurs voisins leur offrit enfin une tasse de thé : elles l'acceptèrent avec reconnaissance. Cette occasion leur permit d'échanger quelques mots de conversation, et ce fut la seule qu'elles eurent dans toute la soirée avec des étrangers.

M. Allen vint enfin les rejoindre. Eh bien, Miss Morland, lui dit-il, j'espère que vous trouvez le bal agréable, que vous vous amusez bien? — Bien en vérité, répondit-elle, en s'efforçant d'arrêter un long bâillement. — J'aurais désiré, dit Mistriss Allen, qu'elle eût eu un cavalier; je voudrais que les Skinners fussent venus ici cette année, plutôt que l'année dernière. — Si les Parry eussent exécuté le projet qu'ils avaient formé, elle aurait pu danser avec Georges Parry. — Cela ira mieux une autre fois, dit M. Allen.

Quand le bal recommença, une partie de la compagnie quitta l'assemblée; on fut plus à l'aise, on put se promener autour de la salle; ce moment était favorable à une jeune personne qui n'avait encore été pour rien dans aucuns des événemens de la soirée : alors elle devait être vue, remarquée, admirée; Miss Morland se trouva en effet dans le cas d'être aperçue par plusieurs jeunes gens; mais il n'y en eut pas qui s'arrêtèrent pour la considérer; il n'y en eut pas qui parurent éblouis de ses charmes; on n'en vit pas courir dans toutes les salles, demandant à tout le monde le nom de cette ravissante inconnue; personne ne s'écria qu'elle était une divinité. Catherine pourtant n'était pas mal; et si ces mêmes personnes l'eussent vue trois ans auparavant, elles eussent trouvé par comparaison que maintenant elle était charmante.

Une fois, et une fois seulement, elle entendit deux gentelmans qui disaient près d'elle : « cette jeune personne est assez jolie. » Ce peu de paroles dut produire son effet sur elle, lui rendre dès ce moment là soirée agréable, satisfaire sa modeste vanité ; elle dut se tenir plus obligée à ces deux jeunes gens, pour ces simples mots, qu'une beauté de roman, ou romanesque ne l'eût été à un adorateur, pour dix pages de vers composés en son honneur et capables de faire connaître, au monde entier, le pouvoir de ses charmes. Elle dut probablement arriver à ce résultat de quitter le bal contente d'elle-même et satisfaite de toute l'assemblée.

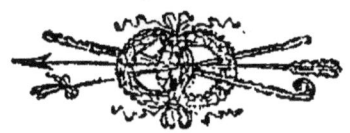

CHAPITRE III.

Les mêmes occupations se renouvelaient chaque jour : parcourir les magasins, visiter quelques parties de la ville, se rendre à l'établissement des eaux, s'y promener de tous côtés, pendant une heure, en regardant tout le monde, et sans parler à personne; exprimer le regret, toujours croissant, de n'avoir aucune connaissance à Bath, répéter le souhait qu'il s'en trouvât enfin quelqu'une : tel était l'emploi régulier et uniforme des premières journées.

Un jour que Mistriss Allen et Miss Morland furent au petit salon, la fortune se montra enfin favorable à notre héroïne ; le maître des cérémonies lui présenta pour chevalier un très-agréable jeune homme : il se nommait Tilney ; il paraissait avoir vingt-quatre ou vingt-cinq ans ; il était grand, d'un extérieur agréable, ayant des yeux pleins d'esprit ; en un mot, il était parfait, et plein de grâces : Catherine eut à remercier le hasard qui la servait si bien. Pendant la danse, M. Tilney parla peu ; mais quand on fut à la table du thé, Catherine put juger qu'il était aussi aimable, qu'il le lui avait paru d'abord : il s'exprimait facilement et avec esprit, il plaisantait avec légéreté, et quoique Catherine comprît difficilement le sens de ses plaisanteries, elle l'écoutait cependant avec plaisir.

Après avoir causé quelque tems sur tout ce qui les entourait, il lui dit, que comme son chevalier, il réclamait la permission de lui demander depuis quand elle était à Bath ; si elle croyait y faire un long séjour, si elle y était venue précédemment, si elle était allée au grand salon, au spectacle, au concert, laquelle de toutes ces assemblées elle préférait : je ne devais pas, ajouta-t-il, vous faire toutes ces questions à la fois; mais si vous le trouvez bon, je vais les reprendre par ordre. — Il n'est pas nécessaire, Monsieur, dit Catherine, que vous en preniez la peine. — Ce n'est pas une peine, je vous assure, Miss, reprit-il avec un agréable sourire et de la voix la plus douce.

Il recommença, avec un air d'intérêt, la première question. —Y-a-t-il long-tems, Miss, que vous êtes à Bath? — Une semaine, répondit

Catherine, en souriant. — Quoi déjà une semaine ! — Qu'y a-t-il là pour vous surprendre, Monsieur ? — Je ne sais : votre réponse, il est vrai, m'a causé quelque surprise ; mais pardonnez, continuons : étiez-vous venue ici précédemment? — Jamais. — Avez-vous déjà favorisé de votre présence le grand salon ? — J'y suis allée lundi dernier. — Et le spectacle? — J'y ai assisté mardi. — Et le concert ? — Mercredi. — Et vous amusez-vous bien à Bath ? — Oui très-bien ; et en même tems elle regardait de tous côtés pour chercher à découvrir ce qui devait l'amuser.

Il faut maintenant, dit M. Tilney, avec une gravité affectée, que je vous parle de moi : je présume que je vais figurer tristement sur votre journal de ce jour. — Comment ! sur mon journal ! — Oui, votre journal : je suis sûr que voici précisément ce que vous y inscrirez : *Vendredi je suis allée au petit salon, j'avais ma robe de mousseline à petits bouquets, avec une garniture bleue et des souliers noirs ; j'étais très-bien. Mais j'ai été excédée par un indiscret et ennuyeux questionneur, avec lequel j'ai été obligée de danser, et qui m'a fatiguée par une conversation très-insignifiante.* — Bien certainement, Monsieur, je n'écrirai ni ne dirai cela. — Eh bien ! permettez-vous que je vous dise ce que je souhaite que vous écriviez? — Volontiers. — *J'ai dansé avec un jeune homme qui m'a été présenté par M. King ; nous avons beaucoup causé ensemble ; il me paraît singulier ; j'espère dans quelque tems le connaître mieux, et pouvoir en parler plus juste....* Voilà, Miss, ce que je désirerais vivement voir inscrit dans votre journal. — Mais si je ne tiens point de journal! — Impossible! Il serait aussi raisonnable de mettre en doute si vous êtes dans ce salon, si j'y suis assis à côté de vous, que de douter qu'une jeune demoiselle, qui est à Bath, n'inscrive pas dans un joli journal tous les événemens qui lui arrivent, afin d'en faire part à quelque parente ou à quelque amie intime. Dans ce journal sont notés, chaque jour, les connaissances qu'elle fait, les hommages qu'on lui rend : sans un journal, comment se souvenir de l'élégance de ses toilettes, du ridicule de celles des autres, des diverses manières dont on arrange ses cheveux, de l'état de son teint, de celui de ses yeux ? Je connais, vous le voyez, tous ces petits secrets des jeunes personnes : au surplus, c'est à cette habitude d'écrire un journal que les femmes doivent, en général, la facilité et les charmes de leur style ; si tout le monde convient qu'elles excellent dans le genre épistolaire, la nature peut y être pour quelque chose, mais je suis certain que la méthode du journal y contribue pour beaucoup. — J'ai quelquefois pensé, dit Catherine, en hésitant, que les femmes écrivent mieux que les hommes ; mais je ne croyais pas que cette supériorité fût si générale à notre sexe ! — Autant que j'ai pu en juger par moi-même, trois points exceptés, les femmes écrivent en perfection.—Et quels sont ces trois points ? — Ordinairement trop de vague dans le sujet, puis défaut de ponctuation, ensuite ignorance des principes de l'art d'écrire.—J'étais d'abord fort embarrassée de votre compliment; mais votre explication me prouve que votre opinion, sur ce sujet, nous est moins favorable que je ne l'avais pensé.— Je crois avec tout le monde que dans le style épistolaire, ainsi qu'en tout ce qui demande du goût, de l'esprit, du sentiment, les femmes surpassent infiniment les hommes.

Cette conversation, qui tendait déjà au sérieux, fut interrompue par Mistriss Allen : ma chère Catherine, dit-elle, ôtez, je vous prie, cette épingle; je crains qu'elle ne déchire ma robe; j'en serais désolée: c'est ma robe favorite; elle est vraiment du dernier goût et d'un très-bon choix; aussi coûte-t-elle neuf *schellings*; — C'est précisément ce que je l'aurais estimée, dit M. Tilney, en regardant de près la mousseline. — Vous vous connaissez donc en mousseline, Monsieur ? — J'achète moi-même mes cravates; j'ai la réputation de bien les choisir: ma sœur me consulte ordinairement quand elle fait ses emplettes : j'ai, il y a quelques jours, acheté une robe pour une dame, et au dire de toutes celles qui l'ont vue j'ai fait un excellent marché : j'ai eu pour cinq *schellings*, une véritable mousseline des Indes.

Mistriss Allen fut tout émerveillée du mérite de M. Tilney : ordinairement, dit-elle, les jeunes gens ont si peu d'idée de ces choses! Jusqu'à présent je n'ai pu parvenir à mettre mon mari en état de distinguer une de mes robes d'une autre. Vous devez être d'une bien grande ressource pour

Mademoiselle votre sœur ?—Je le crois, Mistriss — Eh bien ! que pensez-vous de la robe de Miss Morland ;—Elle est très-jolie, répondit M. Tilney, en examinant gravement cette robe; mais je ne sais si elle se lavera bien. . . .
— Comment pouvez-vous, dit Catherine en riant, être si. . . . elle allait dire connaisseur; mais Mistriss Allen, sans l'écouter, l'interrompit en disant : je suis entièrement de votre opinion, Monsieur; je n'ai pas manqué d'en faire l'observation à Miss Morland, quand elle a acheté cette robe. — Comme vous le savez sûrement, Mistriss, on tire toujours parti de la mousseline, quand une robe éprouve un accident, des morceaux on fait des bonnets, des fichus : c'est un grand avantage ainsi que me l'a toujours dit ma sœur. — Bath est une charmante petite ville, Monsieur, il y a

beaucoup de très-beaux magasins.—
Aussi dans le reste du Comté on est
très-malheureux; il n'y a de bons
magasins qu'à Salisbury, et il faut
faire huit milles pour y aller.—
M. Allen assure qu'il y en a neuf bien
mésurés; mais je n'en crois rien; je suis
persuadée qu'il n'y en a que huit:
quoiqu'il en soit, c'est bien loin pour
envoyer chercher les choses dont on
a besoin, au lieu qu'ici il n'y a qu'un
pas à faire et qu'un instant à attendre.

M. Tilney, qui était extrêmement
honnête, écoutait Mistriss Allen avec
attention; aussi la conversation sur
les mousselines et les magasins dura-
t-elle jusqu'à ce que l'on reprit la
danse. Pendant cet entretien, Catherine réfléchissait que M. Tilney
portait peut-être un peu trop loin sa
complaisance pour les sottes faiblesses

des autres. A quoi songiez-vous si sérieusement, lui dit-il, en la conduisant dans la salle du bal ? Ce n'était pas à votre chevalier, j'espère ; car à en juger par l'apparence, vos réflexions ne lui seraient pas favorables. Catherine rougit, et répondit qu'elle ne pensait à rien. — Voilà de l'artifice ; car si je n'avais pas déviné juste, votre réponse ne serait pas telle que vous la faites. — Vous ne pouvez le croire. — Je le crois cependant très-fort ; et si vous ne voulez pas me dire ce à quoi vous pensiez, je reviendrai sur ce sujet chaque fois que j'aurai l'avantage de vous rencontrer. Rien n'établit une connaissance comme un petit sujet de querelle à reprendre quand on se retrouve. On dansa ; ensuite l'assemblée se sépara. M. Tilney demanda à ces dames la permission de leur faire des visites, et engagea Catherine à penser à lui, quand elle n'aurait rien de mieux à faire.

Qu'elle y ait pensé en faisant sa toilette de nuit, c'est ce qui est assez probable ; il est même possible qu'elle en ait rêvé ; mais ce n'aura été tout au plus que pendant ce demi sommeil du matin, tems où les objets apparaissent légèrement à l'imagination pour s'évanouir aussitôt, sans même laisser de souvenir : car, s'il est vrai, ainsi que l'a dit un auteur célèbre, qu'une femme soit inexcusable de ressentir de l'amour, avant d'avoir reçu l'aveu de celui qui l'adore, il est sans doute plus inexcusable, pour une jeune personne, de rêver d'un amant, avant de savoir s'il a rêvé d'elle. Quoiqu'il en soit M. Allen, ayant cru devoir prendre des informations sur le chevalier de sa protégée, apprit le soir même, pendant le bal, que M. Tilney était un jeune ecclésiastique, d'une famille respectable, de la province de Gloucester.

CHAPITRE IV.

Ce fut avec une vivacité qui ne lui était pas ordinaire, que Catherine fit le jour suivant ses apprêts pour aller à la *Pump-room*; elle espérait y trouver M. Tilney, et elle était portée à l'accueillir de la manière la plus gracieuse. Elle arriva de bonne heure à ce lieu, qui servait dans la matinée de point de ralliement pour tout Bath.

La foule allait, venait, circulait en tous sens. Catherine n'y vit qu'inconnus, qu'indifférens; le seul qu'elle y attendait, le seul qu'elle y cherchait, n'y parut pas. Après s'être promenée jusqu'à l'extrême fatigue, dans tous les endroits où elle croyait pouvoir être bien vue, Mistriss Allen répéta encore une fois: « Que Bath » est un lieu délicieux! que j'y au- » rais de plaisir si je rencontrais une » seule de mes connaissances! » Combien de fois avait-elle déjà vainement exprimé ce désir!

Cependant elle était au moment de justifier l'ancien adage, qui dit: « que celui qui sait attendre ne doit « jamais désespérer, et qu'une cons- « tante persévérance réussit enfin. » Elle allait voir ses souhaits accomplis.

Il y avait à peine dix minutes qu'elle était assise, qu'une dame de son âge, placée à quelque distance, et qui depuis ce tems la considérait avec attention, se leva, s'approcha d'elle, et la saluant avec beaucoup de politesse, lui dit : j'espère, Madame, que je ne me trompe pas; quoiqu'il y ait bien long-tems que je n'aie eu l'avantage de vous voir ; je crois que c'est à Mistriss Allen que j'ai l'honneur de parler : sur la réponse affirmative, l'inconnue se nomma, et soudain, au nom de Mistriss Thorpe, Mistriss Allen se rappela les traits d'une intime amie d'école, qu'elle n'avait vue qu'une seule fois depuis que toutes deux étaient mariées : il y avait quinze ans qu'elles s'étaient perdues de vue et qu'elles n'avaient eu aucunes nouvelles l'une de l'autre. Cette rencontre leur causa un plaisir véritable.

Après les premiers complimens, elles s'entretinrent de la rapidité avec laquelle le tems s'était écoulé depuis leur séparation, du hasard qui les réunissait à Bath, du plaisir que l'on éprouve à revoir d'anciennes amies : puis elles se firent de mutuelles questions sur leurs familles, se demandant ce qu'étaient devenues leurs sœurs, leurs cousines. Comme chacune d'elles était plus pressée de donner des nouvelles que d'en apprendre, elles ne s'écoutaient ni l'une ni l'autre, s'interrompaient réciproquement, ou parlaient en même tems.

Mistriss Thorpe avait des enfans, ce qui lui donna, en matière de conversation, un grand avantage sur son amie. Elle la força à entendre l'étalage qu'elle fit des talens de ses fils, la description de la beauté de ses filles, les détails de leur éducation. John était à Oxford, Edward était négociant, Willaume était marin; tous les trois dans leurs diverses carrière étaient aimés, considérés, plus que qui que ce fût. Mistriss Allen, qui n'avait point de semblables particularités à conter, ni de tels triomphes à faire résonner aux oreilles d'une amie distraite et un peu incrédule, était forcée de se taire, et de paraître prêter l'oreille à ce déluge d'effusions maternelles. Elle s'indemnisait de cette contrainte en examinant la toilette de Mistriss Thorpe; et elle devint tout-à-fait contente, quand elle eut découvert que la pelisse de son amie n'était pas de moitié aussi belle que la sienne.

Voilà ce qui l'occupait, lorsque Mistriss Thorpe lui fit remarquer trois jeunes demoiselles qui s'approchaient, en se tenant par le bras. Ce sont, dit-elle, ma chère Mistriss Allen, mes trois filles. La plus grande est l'aînée; elle se nomme Isabelle : elle est fort bien de figure : on admire beaucoup les autres ; mais je la crois la plus jolie. Elles seront toutes trois charmées de faire votre connaissance ; permettez que je vous les présente : ce qu'elle fit au même instant. A son tour, Mistriss Allen lui présenta son amie Miss Morland ; ce nom frappa les jeunes Thorpe. Après quelques complimens, « comme Miss Morland ressemble à son frère, » dit Isabelle à ses sœurs ! « C'est absolument lui. » « C'est » tellements on portrait, dit la mère, » que je n'aurais pu voir Miss Morland, » sans deviner qu'elle est sa sœur. » « Cela est vrai ; il n'y a pas à s'y mé- » prendre, » répétaient à la fois les jeunes Miss Thorpe.

Catherine fut d'abord étonnée ; mais à peine l'eût-on mise sur la voie, qu'elle se ressouvint que son frère

James lui avait parlé quelquefois de la liaison intime qu'il avait formée avec un de ses amis de collége qui se nommait Thorpe, dont la famille demeurait près de Londres, et dans laquelle il était allé passer quelques jours pendant les dernières vacances de Noël. Toutes ces circonstances furent suffisantes aux trois sœurs pour les engager à dire à Miss Morland les choses les plus obligeantes, sur le désir qu'elles avaient de faire une plus ample connaissance avec elle, et même de former ensemble une liaison d'amitié, à l'exemple de leurs frères. Catherine fut sensible à toutes ces prévenances, y répondit comme elle le devait, et pour première preuve d'amitié, elle accepta le bras de l'aînée des Miss Thorpe, et fit, avec elles toutes, le tour de la salle. Elle était dans l'enchantement d'avoir enfin fait une connaissance agréable à Bath. M. Tilney fut entièrement oublié, tout le tems qu'elle causa avec Isabelle. L'amitié est le meilleur baume pour guérir les plaies de l'amour.

La conversation s'établit sur des sujets qui, entre de jeunes demoiselles, amènent promptement l'intimité, sur les bals, les assemblées, les robes, les modes. Miss Thorpe avait quatre ans de plus que Miss Morland; ces quatre ans lui donnaient l'avantage d'être instruite sur tous ces objets et d'en parler avec sagacité. Elle compara les bals de Bath à ceux de Cambridge; les modes de Bath à celles de Londres : elle rectifia les goûts de sa nouvelle amie, sur tout ce qui appartenait à la parure.

Sa pénétration s'étendait au-delà : au milieu de la plus grande foule elle savait distinguer l'homme à la mode ; bien plus un simple sourire lui suffisait pour deviner le genre d'intimité qui existait entre une lady et un gentleman. Tant de qualités, jointes à la facilité, à l'élégance même avec lesquelles Isabelle s'exprimait, pénétrèrent Catherine d'admiration, à un tel point qu'elle n'osait prendre avec elle ce ton de familiarité que les jeunes personnes emploient entr'elles. Cependant l'enjouement, l'aisance des manières d'Isabelle, qui lui répétait sans cesse qu'elle était heureuse d'avoir fait sa connaissance, qu'elle espérait bien devenir son amie, affaiblirent d'abord, et finirent par effacer ce sentiment de réserve, de manière à ne plus laisser subsister entr'elles que la plus franche et la plus aimable gaieté.

Après que ces amies, si nouvelles et déjà intimes, eurent fait plusieurs fois le tour de la *Pump-Room*, et qu'il fut question de se retirer, elles ne voulurent se quitter qu'à l'entrée de la maison qu'habitait Mistriss Allen, pour rester ensemble le plus long-tems possible; là en se séparant on se serra tendrement la main, on se promit de se retrouver le soir au spectacle, le lendemain à la chapelle, suivant ce dont étaient convenues ensemble Mistriss Thorpe et Mistriss Allen. Après le dernier adieu, Catherine courut se mettre à la fenêtre, pour suivre des yeux Isabelle, et prolonger le plaisir de la voir. Elle admira sa tournure, l'élégance de cette amie, et se félicita beaucoup du hasard heureux qui lui avait procuré une si agréable société.

Mistriss Thorpe était une veuve, peu riche, femme excellente, mère indulgente. Sa fille aînée était belle; les plus jeunes cherchaient à le paraître, en imitant en toutes choses les manières de leur sœur. Ce léger coup d'œil sur cette famille la fera connaître au lecteur autant que pourrait le faire le récit de toutes les conversations que Mistriss Thorpe eut pendant plusieurs jours avec Mistriss Allen, et dans lesquelles la première faisait toujours un long détail de tout ce qu'elle avait eu à souffrir de la part de plusieurs lords et de leurs agens, le tableau circonstancié de ses petites peines domestiques, de l'humeur de son mari, des inquiétudes que lui avaient causées ses enfans, et répétait enfin toutes les conversations intéressantes qu'elle avait eues sur ces divers objets depuis plus de vingt ans. Il y aurait bien là de quoi faire trois ou quatre chapitres; mais pour le présent, j'en fais grâce au lecteur, sauf à y revenir plus tard, si cela devient nécessaire.

CHAPITRE V.

Le soir, étant au spectacle, Catherine admirait les jolies manières d'Isabelle; elle s'entretenait avec elle. Elle était aussi occupée de M. Tilney; elle regardait dans chaque loge, pour voir si elle ne l'apercevait pas. En entendait-elle ouvrir une, elle se retournait pour examiner si ce n'était pas lui qui entrait. Ce fut en vain qu'elle le chercha ; il ne parut pas plus au spectacle, qu'il n'avait paru à la *Pump-Room*. Elle fut obligée de reporter au lendemain son espoir sur cet objet. Sa première question, en s'éveillant, fut pour s'informer du tems.

Sur ce qu'on lui dit qu'il était superbe; elle ne douta pas qu'elle ne dût rencontrer M. Tilney ; car à Bath, le dimanche, lorsqu'il fait beau, chacun s'empresse de prendre le plaisir de la promenade.

Aussitôt que le service fut fini, les deux familles se rejoignirent avec empressement; elles se rendirent à la *Pump-Room*, où elles ne restèrent que le tems nécessaire pour s'apercevoir que la foule était insupportable, et se répéter, comme chacun le fait régulièrement tous les dimanches pendant la saison, qu'il ne s'y voit pas une figure humaine. Elles sortirent pour aller respirer un air plus frais et plus agréable au Croissant. Là, Catherine et Isabelle se promenèrent en se tenant par le bras, et se livrant aux douceurs d'une conversation intime, et d'une confiance sans borne; elles causèrent beaucoup et assez gaiement; ce qui toutefois n'empêcha pas la première de penser à M. Tilney, qu'elle cherchait des yeux, comme elle l'avait fait la veille. Mais il lui était impossible de le découvrir; en effet, depuis la première fois qu'elle l'avait vu, il n'avait paru ni dans les assemblées, ni au grand, ni au petit salon, ni aux bals parés, ou non parés: on ne l'avait rencontré à la promenade, ni à pied, ni à cheval, ni en Tilbury; bien plus son nom ne se trouvait pas même inscrit sur la liste des étrangers. Tels furent les renseignemens que Catherine parvint à se procurer : ils ne satisfirent pas sa curiosité. Elle pensa alors qu'il avait quitté Bath: cependant il ne lui avait rien dit qui pût faire croire que son séjour serait si court, et son départ si prochain. Ce mystère qui semblait impénétrable et qui enveloppait M. Tilney, lui donnait parfaitement l'air d'un héros de roman; Catherine n'en éprouvait qu'un plus inquiet désir de le voir ; le souvenir qu'elle en conservait agissait sur son imagination, et lui faisait ajouter aux agrémens qu'elle avait remarqués en lui.

Il n'y avait que deux jours que Mistriss Thorpe était arrivée à Bath, quand elle fit la rencontre de Mistriss Allen : ce n'était donc ni par elle, ni par ses filles que Catherine pouvait apprendre quelque chose de M. Tilney; cependant il était souvent le sujet de ses conversations avec Isabelle. Celle-ci, en donnant quelques bons conseils à son amie, en l'engageant à penser moins à cet inconnu, aurait pu affaiblir l'impression qu'elle en avait reçue : loin de là, elle ne cessait de l'en entretenir, de lui répéter qu'elle le croyait un charmant jeune homme : je ne doute pas, lui disait-elle qu'il ne soit épris de vous, qu'il ne revienne incessamment. Je l'aime, ajoutait-elle, parce qu'il est ecclésiastique ; car je vous avoue que j'ai une prédilection pour les hommes de cet état. Et elle poussait un soupir en disant ces mots. Catherine eut la gaucherie de ne pas lui demander la cause de ce soupir. Elle n'avait pas encore assez d'expérience ; elle ne connaissait pas encore assez les délicatesses de l'amour et les devoirs de l'amitié, pour savoir quand il est nécessaire de forcer à une confidence.

Pour Mistriss Allen, elle était alors

parfaitement contente, parfaitement heureuse. Elle avait trouvé une société, et cette société était celle d'une ancienne et estimable amie, à laquelle surtout la fortune ne permettait pas d'avoir d'aussi belles robes qu'elle en avait elle-même. C'était pour elle le comble du bonheur. Aussi, « que je » suis heureuse d'avoir rencontré Mist. Thorpe à Bath », était l'expression dont elle se servait sans cesse, et qui avait remplacé celle qui lui était auparavant si habituelle : « que je voudrais » avoir une connaissance à Bath. » Elle avait autant d'empressement pour se réunir à son amie, que Catherine et Isabelle pouvaient en avoir pour se trouver ensemble. Elle n'était pas contente si elle ne passait la plus grande partie de la journée avec Mist. Thorpe, le sujet de leurs conversations était bien différent. Celle-ci racontait les gentillesses de ses enfans, l'autre parlait de ses robes.

Catherine et Isabelle ne se quittaient plus d'un instant : leur amitié était parvenue à l'intimité ; elles avaient toujours mille secrets à se dire, mille caresses à se faire : elles ne s'appellaient que par leur nom de baptême, se tenaient toujours par le bras à la promenade : au bal, si elles dansaient, c'était à la même contre-danse ; si elles étaient assises, c'était l'une à côté de l'autre. Quand la pluie leur interdisait le plaisir de la promenade, ou quand leurs mères ne voulaient pas aller dans le monde, nos deux amies s'enfermaient ensemble pour lire des Romans. — Oui, pour lire des Romans !

Ici je ne veux pas imiter la méthode de quelques auteurs moderdes, qui déprécient ces livres par des censures amères, qui parlent avec mépris d'un genre sur lequel ils s'exercent eux-mêmes, qui, en faisant des romans, les interdisent à leurs héroïnes, et les leur font rejetter avec dédain, après qu'elles ont lu seulement quelques pages de ceux que le cours des événemens leur fait tomber entre les mains. Si l'héroïne d'un roman rebute ainsi celle d'un autre, bientôt les auteurs ne pourront attendre de protection, et seront privés d'éloges. Je ne puis approuver cette manière. Laissons les rédacteurs de revues et les critiques exagérer tous les inconvéniens de ces lectures; laissons-les, à l'apparition d'un roman nouveau, se plaindre de leur abondance, de leurs dangers ; mais qu'aucun de nous ne se joigne à eux : car ils en veulent à tout le corps des Romanciers. . . . .

Pourtant quelle branche de littérature est plus vaste et plus agréable? Laquelle procure plus de plaisir? Quel mortel, sachant lire, n'a parcouru quelquefois, souvent même, avec intérêt ces ouvrages qui charment la pente qui nous entraîne vers le merveilleux?.... et n'a lu avec délices ceux qui retracent si bien tous les secrets du cœur et les divers événemens de la vie. . . . . . Nous ne rencontrons partout que des ennemis ; nous ne recueillons que le blâme, et nos ouvrages sont dans toutes les mains! Et c'est dans nos productions que ces ennemis eux-mêmes viennent chercher quelques idées agréables, quelques souvenirs de bonheur, quelques momens de distraction.

Voyez les neuf cents abréviateurs de l'histoire d'Angleterre ; voyez les auteurs non moins nombreux, qui publient des volumes, en compilant quelques passages de Milton, de Pope, de Prior, quelques articles du Spectateur, quelques chapitres de Sterne : cent plumes s'empressent à composer leur éloge ou celui de leurs ouvrages ; on les vante, mais ont-ils un grand nombre de lecteurs ? On serait tenté de croire qu'il y a une ligue formée pour décourager les romanciers, en refusant malgré l'évidence de leur reconnaître du talent, et en jettant du mépris sur ce genre de littérature, qui demande pour réussir du goût, de l'esprit et du génie.

« Je ne lis jamais de nouvelles...
» Il est rare que je jette les yeux
» sur une nouvelle.... Ne croyez pas
» que je lise des romans.... Cela est
» assez bien fait pour un roman. »
Voilà ce que l'on entend dire tous les
jours. — Que lisez-vous là Miss ? —
Ce n'est qu'un roman, dit la jeune
personne, en jettant le livre avec indifférence, ou même avec un dédain
affecté ; et ce roman, c'est pourtant
Cécilia, *Camillia*, *Balinda*, ou
enfin quelqu'ouvrage dans lequel la
connaissance la plus approfondie du
cœur humain est parvenue à décrire
ses sensations avec le talent le plus
vrai, le style le plus élégant et le
plus pur.

Que la même jeune personne ait
entre les mains un volume du Spectateur, avec quel orgueil elle le

montre ; elle en dit le titre, elle en nomme l'auteur ! Et cependant il est peu croyable qu'elle prenne beaucoup d'intérêt ou de plaisir à la lecture d'un ouvrage si volumineux, écrit d'un style dur, rude, sec ; dont la plupart des articles ont si peu de liaison, traitent de sujets supposés et peu intéressans, avec des circonstances improbables et peu attachantes ; dont les caractères sont factices, les conversations embrouillées : il est peu croyable qu'elle puisse s'en occuper long-tems.

CHAPITRE VI.

En rapportant une conversation entre les deux amies, nous donnerons une idée juste de la solidité que leur intimité avait acquise après une liaison de huit à dix jours, et nous ferons connaître la délicatesse de leurs sentimens, l'originalité de leur esprit, leur goût pour la littérature.

Elles s'étaient donné rendez-vous à la *Pump-Room*: Catherine arriva un instant après le moment convenu. Comment, ma très-chère, s'écria Isabelle, comment pouvez-vous venir si tard? J'étais d'une inquiétude extrême de ne pas vous voir arriver.

— Vraiment, vous étiez inquiète ? J'en suis désolée. . . . . Cependant je crois être arrivée à l'heure fixée. Y a-t-il long-tems que vous êtes-ici ? — Il y a une éternité ! Voilà plus d'une demi-heure que je vous attends. . . . . Allons-nous asseoir à l'autre extrémité du salon, pour mieux jouir du plaisir d'être ensemble. J'ai mille choses à vous dire. D'abord j'ai été effrayée de la pluie survenue au moment où je me disposais à sortir. La vue de ces gros nuages me désolait. Savez-vous que j'ai vu à la fenêtre d'une boutique en Milsom-street le plus joli chapeau ; il est presque comme le vôtre, excepté que les rubans sont coquelicots, tandis que ceux-ci sont verts. Je l'ai regardé long-tems ; j'en avais bien envie. Mais vous, ma douce Catherine,

Catherine, qu'avez-vous fait ce matin? Avez-vous beaucoup lu dans Udolphe? —Beaucoup. . . . . J'en suis au voile noir.—Déjà!... Quelle charmante lecture!... pour le monde entier; je ne vous dirais pas ce qui est derrière ce voile. Vous avez bien envie de le savoir?—Oh oui! j'en suis bien impatiente. Qu'est-ce que cela peut être? Mais ne me le dites pas. Je n'aime pas à savoir les choses d'avance. Il me semble que ce doit être un squelette : je suis sûre que c'est celui de Laurencia. J'aime ce roman à la folie : je pourrais passer ma vie entière à le lire : je vous assure que si ce n'eût été pour venir avec vous, rien au monde ne me l'auait fait quitter. —Charmante Créature ! Comme elle est aimable ! Combien je vous suis obligée! Quand vous aurez fini Udolphe, nous lirons ensemble l'*Italien*. — Vous l'avez ! Oh que j'en suis contente ! En avez-vous encore d'autres ? — Oui sûrement : j'ai encore *le Chateau de Wolfenbach*, *Clermont*, *les Avis mystérieux*, *la Nécromancie de la forét noire*, *la Cloche de minuit*, *l'Orphelin du Rhin*, *les horribles Mystères*. En voilà, je pense, pour quelque tems. — Oui ! cela est charmant : mais sont-ils tous aussi terribles ? — Tout autant, je vous l'assure ; car une de mes bonnes amies, Miss Andrews, la plus douce créature qui existe, les a tous lus, et m'a assurée qu'ils étaient tels. Je voudrais que vous connussiez cette aimable Miss Andrews; vous en seriez enchantée. Elle s'est fait elle-même la plus jolie robe que vous puissiez vous imaginer. Je la trouve belle comme un ange, et je suis toujours à quereller tous les hommes de ma connaissance, parce qu'ils ne l'admirent pas autant que je le fais. — Vous les querellez ! Comment vous osez les quereller, parce qu'ils ne la trouvent pas aussi belle que vous le voudriez! — Assurément, il n'est rien que je ne fasse pour les personnes qui sont vraiment mes amies : je ne puis concevoir une amitié faible. Ce n'est pas le caractère de la mienne ; tous mes sentimens sont passionnés. Je disais au capitaine Hunt, cet hiver au bal, que je ne danserais pas avec lui de toute la soirée, s'il ne convenait que Miss Andrews était belle comme un ange. Les hommes nous croyent incapables d'avoir de l'amitié entre nous, je suis déterminée à leur prouver le contraire.... Maintenant si j'entendais dire de vous un seul mot, qui ne fut pas à votre louange, je prendrais feu à l'instant.... Mais cela n'arrivera pas, car vous êtes précisément de ce genre de femmes qui plaisent à tous les hommes. — Oh! ma chère, dit Catherine, en rougissant, comment pouvez-vous parler ainsi?—Je vous connais très-bien: vous avez de la vivacité, et Miss Andrews en manque absolument : je dois même convenir qu'il y a en elle quelque chose qui éloigne, et qu'elle peut sembler insipide quand on ne la connaît pas assez. Je puis vous dire aussi qu'hier quand vous passiez, j'ai vu un jeune homme vous regarder si attentivement, si long-tems, que je suis sûre qu'il est amoureux de vous. — Catherine rougit beaucoup, et se récria.— Isabelle riant l'assura sur son honneur que c'était l'exacte vérité; mais je sais, dit-elle, avec un air de finesse, que vous êtes indifférente à l'admiration des hommes, excepté à celle d'un certain gentleman, dont cependant vous savez à peine le nom; je ne puis vous blâmer, ajouta-t-elle avec sentiment; je vous comprends parfaitement; quand le cœur est vraiment touché, on est peu sensible aux soins des indifférens; tout ce qui ne parle pas de l'objet préféré est si insipide, a si peu d'intérêt!... Ah! je comprends à merveille votre apparente indifférence. — Ne croyez donc pas que je sois entièrement occupée de M. Tilney, d'un homme que peut-être je ne reverrai jamais. — Ne jamais le revoir! pauvre chère ame! ne parlez pas ainsi, je suis sûre que vous seriez très-malheureuse de penser ce que vous dites. — Malheureuse! Non!...

En vérité, ma chère,... je ne cache pas que j'ai eu du plaisir à le voir; mais quand je puis lire Udolphe, je ne pense plus à lui, je ne regrette plus personne!... Oh! cet épouvantable voile noir, ma chère Isabelle, je l'ai toujours dans l'esprit, je gagerais que c'est le squelette de Laurencia qui est derrière. — Je suis vraiment étonnée que vous lisiez ce livre pour la première fois. Mistriss Morland, je le suppose, vous empêche de lire des romans. — Non pas du tout; elle lit elle-même souvent Sir Charles Grandisson ; mais pour des livres nouveaux, nous n'en avons point à la maison. — Sir Charles Grandisson ! C'est là un roman bien ennuyeux, bien extraordinaire, n'est-il pas vrai ? Je me souviens que Miss Andrews n'a jamais pu en lire le premier volume jusqu'à la fin. — Il ne ressemble nullement à Udolphe; mais je vous assure qu'il est aussi fort intéressant. — En vérité !... Vous m'étonnez ; je croyais qu'il était impossible de le lire; mais, ma chère, comment vous coiffez-vous pour ce soir? Je suis décidée, malgré les dangers de la comparaison, à me coiffer et à m'habiller précisément comme vous; ce sera un rapprochement de plus entre nous. Et puis vous savez comme les hommes observent ces choses-là !... Elles leur prouvent l'intimité qui unit deux femmes. — Mais je ne comprends pas qu'il soit nécessaire de la leur prouver relativement à nous, dit Catherine innocemment. Que cela soit nécessaire! s'écria Isabelle; ah! ma chère, les hommes sont si fats, si présomptueux, qu'il nous croyent continuellement occupées d'eux, et du soin de leur plaire : pour moi, je mets tout mon plaisir à les désoler, à les tenir à une grande distance, et à leur prouver que je préfère, à eux tous, une amie, une tendre amie. — Je n'ai pourtant jamais remarqué cette présomption ; je les ai toujours trouvés fort polis avec moi ! — Oh ! cependant ils se donnent des airs ! ils sont si suffisans ! ils se croyent si importans !... Oh ! ce sont de sottes créatures. Mais, à propos, quoique j'y aie déjà pensé cent fois, je ne vous ai pas encore demandé quels sont les hommes auxquels vous donnez la préférence : aux grands ou aux petits ; aux bruns ou aux blonds ? — Je n'en sais trop rien ; je n'y ai jamais pensé : il me semble que je préférerais les bruns, quand ils ne sont pas trop noirs.

Très-bien, Catherine ; c'est précisément lui ; car je n'ai pas oublié le portrait que vous m'avez fait de M. Tilney : un beau teint, des cheveux bruns, n'est-il pas vrai ? Eh bien ! mon goût est différent : je préfère un beau blond, avec des yeux bleus, bien doux, un teint un peu pâle ; ne me trahissez pas par une indiscrétion, quand vous vous trouverez avec quelqu'un de votre connaissance qui ressemble à ce portrait. — Vous trahir ! que voulez vous dire ? — Rien : c'est une distraction ; je ne voulais rien dire de cela ; je me laisse toujours entraîner ; mais quittons ce sujet.

Catherine étonnée se tut pendant quelque tems. Elle allait reprendre son sujet favori, le squelette de Laurencia, lorsqu'Isabelle s'écria : pour l'amour du ciel, éloignons-nous de cette place ! Savez-vous qui sont ces deux hommes qui, depuis une demi-heure, ne cessent de nous regarder? Ils m'ont toute décontenancée : allons-nous en; regardez s'ils n'ont pas la hardiesse de nous suivre : j'en ai grande peur. Tout en marchant, elle tenait à la main sa liste des étrangers, et la parcourait pour chercher à connaître les noms de ces deux hommes, quand Catherine, remplissant le rôle qui lui avait été donné, observait pour voir de quel côté ils se dirigeaient. — « J'espère, dit Isabelle, qu'ils ont pris un autre chemin, et qu'ils n'ont pas l'impertinence de nous suivre. Dites-moi s'ils viennent; je crains de tourner la tête. » Catherine l'assura qu'il était inutile de s'éloigner davantage, que ces deux gentlemans étaient sortis par une porte opposée. — Et par laquelle, dit vivement Isabelle, en tournant promptement la tête : l'un d'eux est un très-joli jeune homme. — Par celle qui ouvre sur le chemin qui conduit à l'église. — Bien ! je suis très-contente d'être délivrée d'eux. Maintenant retournons à Edgar's-Buildings, je vous montrerai mon nouveau chapeau ; vous aurez du plaisir à le voir. — Volontiers ; mais de ce côté n'y a-t-il pas à craindre que vous rencontriez ces deux étrangers ? — Je ne pensais pas à cela. Je désire pourtant que vous voyez mon chapeau : dépêchons-nous, nous les éviterons. — Il vaut mieux attendre quelques minutes, ils seront alors passés, et nous n'aurons pas la crainte de les rencontrer. — Oh, certainement je ne me gênerai pas ainsi pour eux. Je ne suis pas habituée à faire voir aux hommes qu'ils sont si dangereux : voilà ce qui les gâte. Catherine, n'ayant rien à opposer à ce raisonnement, suivit Isabelle, qui, pour exécuter la résolution où elle était d'humilier et de braver le sexe entier, suivit le chemin que les deux jeunes gens avaient pris.

CHAPITRE VII.

En peu d'instans les deux amies se rendirent de Pump-Yard à l'arcade opposée à Union-passage. Pour peu que l'on connaisse Bath, on sait combien il est difficile de traverser Cheap-Street dans cet endroit où aboutissent Gread-London et Oxford-Noads; c'est là aussi où se trouve la principale auberge de la ville. Il en résulte que cette rue est constamment embarrassée par des chevaux, des voitures, des chariots, qui la traversent en tous les sens; aussi chaque jour se renouvellent régulièrement les plaintes de toutes les dames retenues dans cet endroit par où elles sont obligées de passer pour se rendre chez leurs marchands ; ou de celles qui, comme dans le moment présent, se trouvent contrariées par ce retard, à cause du désir qu'elles ont de suivre, sans en avoir l'air, quelques jeunes gens conduits par un motif semblable.

Depuis son arrivée à Bath, Isabelle n'avait pas passé un seul jour sans déplorer ce fâcheux inconvénient, qu'elle sentait alors plus vivement que jamais. Elle était contrariée dans son impatience, elle voyait les deux jeunes étrangers du côté opposé à celui où elle était, et ils marchaient fort vîte, tandis qu'elle était obligée de s'arrêter à cause de l'approche d'un gig qui arrivait dans la même direction qu'elle. Le conducteur de ce gig semblait être bien inconsidéré, ou bien sûr de son cheval qu'il faisait aller au galop à travers la foule, et sur un très-mauvais pavé, au risque de briser la voiture, ou d'écraser les passans. Ces odieux gigs, dit Isabelle, je les abhorre. C'était bien le sentiment qu'elle éprouvait à la vue de celui-là; mais après avoir considéré les deux pesonnes qui étaient dedans, elle changea subitement de façon de penser et de parler, elle s'écria avec l'accent du plaisir: M. Morland! mon frère!—Eh, c'est James, dit Catherine. La reconnaissance se fit promptement, et à l'instant le cheval fut arrêté si brusquement, qu'il faillit tomber sur sa croupe, et que le laquais manqua être jetté à terre. Les deux jeunes gens s'élancèrent hors de la voiture. Catherine, pour qui cette rencontre était imprevue, accueillit son frère avec le plus grand plaisir: James, qui l'aimait tendrement, n'en ressentait pas un moins vif; il le lui témoignait et le lui exprimait, autant toutefois que le lui permettait Miss Thorpe, qui cherchait à fixer sur elle toute son attention, soit en lui adressant sans cesse la parole, soit en le considérant avec des yeux qui exprimaient un mélange de joie et d'embarras capables, si Catherine avait eu plus d'expérience ou moins de simplicité, de l'éclairer sur la nature des sentimens de son amie; mais elle croyait ces sentimens de la même nature que ceux qu'Isabelle lui témoignait à elle-même, et elle n'y appercevait point de différence.

John Thorpe, qui s'était d'abord occupé de son cheval, rejoignit sa sœur et son amie, qui le présentèrent à Miss Morland. C'était un jeune homme assez épais, d'une taille moyenne, ayant les traits gros, les manières communes, et néanmoins fort content de sa personne et de ses agrémens. Il croyait imiter le ton des jeunes seigneurs, mais il n'en était que la caricature; s'il voulait avoir la mine d'un cavalier, c'était comme un palefrenier qu'il s'habillait; il affectait un air délibéré avec les personnes auxquelles il devait du respect, et allait jusqu'à l'impertinence dans les occasions où il devait être le plus réservé. Il salua légérement Catherine, qu'il fixa cependant, tout en prenant et secouant fortement en signe d'amitié la main de sa sœur, ainsi que les jeunes gens ont coutume de le faire entr'eux; regardant ensuite à sa montre : combien de tems, dit-il :

croyez-vous, Miss Morland, que
nous ayons mis à venir de Tetbury
ici ? — Je ne connais pas la distance,
répondit-elle. — Vingt-trois milles,
dit James. —Vingt-trois milles! s'écria
Thorpe; il y en a vingt-cinq bien
mesurés. — James allégua l'autorité
des livres de poste, des conducteurs
de voitures, des bornes milliaires. —
Toutes ces autorités furent nulles pour
John, qui prétendit avoir une règle
plus sûre pour en juger. — Jamais,
dit-il, mon cheval attelé à la voiture
ne fait moins de dix milles par heure :
nous sommes partis de Tetbury à onze
heures précises; il est maintenant une
heure et demie: ainsi, il n'y a pas
de doute, que nous n'ayons fait vingt-
cinq milles. — Tu te trompes, dit
James, dix heures sonnaient quand
nous sommes partis. — Comment dix

heures ! Sur mon honneur, c'était onze heures; je les ai comptées. Votre frère, Miss Morland, parle contre l'évidence; regardez seulement ce cheval; en avez-vous jamais vu un plus vif ? (Le domestique venait précisément de monter dans le gig pour l'emmener.) Quelle ardeur ! et croire que dans deux heures et demie, il n'aurait fait que vingt-trois milles: impossible ! Il ne faut que le voir pour s'assurer que cela ne se peut. — Il est vrai, dit Catherine, qu'il avait bien chaud.—Il n'avait pas une goutte de sueur jusqu'à Valcot-Church ; c'est là seulement où j'ai commencé à le presser un peu. Rien qu'en voyant ses jarrets, sa croupe, son allure, on est forcé de convenir qu'il ne peut faire moins de dix mille par heure. Que pensez-vous de mon gig, Miss Morland ?

Il est joli, n'est-il pas vrai ; bien suspendu, bien solide : il n'y a pas plus d'un mois que je l'ai : il a été fait pour un ecclésiastique de mes amis, un bon camarade, ma foi ; il s'en est servi pendant quelques semaines ; le gig n'en est que meilleur ; il est à l'épreuve ; je cherchais précisément une voiture de cette espèce : je m'étais décidé pour un carricle, lorsque le hasard m'a fait rencontrer, sur le pont Magdalen, cet ami qui se rendait à Oxford le quartier dernier. Ah, Thorpe ! dit-il, je te rencontre à propos : j'arrive, et je n'ai plus besoin de mon gig ; tu m'aideras à m'en défaire ; il est charmant ; mais j'ai plus besoin d'argent que de voiture. — Oh diable ! je suis ton homme, lui dis-je ; quel prix en veux-tu ? Combien pensez-vous,

Miss Morland, qu'il me l'a fait? — Je ne puis vous le dire ; je ne connais pas la valeur de ces choses-là. — Une caisse suspendue, pensez ! Siége, coffre, fontes, gardes-crotte, lanternes, garnitures en argent, tout est parfait ; les ressorts sont aussi bons, même meilleurs que s'ils étaient neufs. Eh bien ! Il m'en demande cinquante guinées ; je le prends au mot, je lui jette son argent, et le gig est à moi. — Je ne puis juger si c'est cher ou bon marché : j'ai peu de connaissances dans ce genre ! — Ni cher, ni bon marché : je crois bien que je l'aurais eu à moins ; mais je n'aime pas à marchander, et puis ce pauvre diable de Freeman avait besoin d'argent. — C'est une preuve de votre bon cœur, dit Catherine avec sensibilité. — Diable ! quand on a le moyen de faire quelque chose pour un ami, il faut le faire; voilà comme je suis, moi.

Enfin, on demanda aux deux dames où elles avaient intention d'aller. Sur leur réponse et après quelques observations, tous quatre convinrent d'aller jusqu'à Edgar's Buildings rendre leurs respects à Mistriss Thorpe. James et Isabelle marchèrent ensemble. Celle-ci éprouvait tant de plaisir à être avec le frère de son amie, et l'ami de son frère; ce sentiment était si naturel, si dépouillé de toute coquetterie, qu'elle ne pensa presque plus aux deux jeunes gens qui les premiers avaient été l'objet de ses courses. Elle ne retourna même la tête que deux ou trois fois, pour voir s'ils la regardaient, lorsqu'elle les rencontra en Milsom-street.

John Thorpe accompagnait Catherine; après quelques momens de silence, il remit la conversation sur son gig. On pourrait cependant, dit-il, Miss, trouver que je l'ai eu à bon marché : car dès le lendemain, je pouvais le revendre dix guinées de plus. Jackson, d'Oreil, m'en offrait de prime abord soixante guinées ; Morland le sait, il était avec moi. — Oui, dit celui-ci, il t'en offrait soixante guinées, mais avec le cheval. — Du diable, je ne vendrais pas mon cheval pour cent guinées! Aimez-vous les voitures découvertes, Miss Morland? — Oui, je les aime beaucoup, quoique j'aie eu rarement occasion d'en faire usage. — J'en suis charmé, je vous conduirai tous les jours dans la mienne. — Je vous remercie, dit Catherine avec un peu d'hésitation, ne sachant pas trop s'il était convenant d'accepter cette offre. — Dès demain je vous conduis à Landown-Hill. — Je vous suis obligée : peut-être votre cheval serait-il trop fatigué. — Fatigué ! mon cheval fatigué ! Il n'a fait que vingt-trois milles aujourd'hui ; rien ne ruine un cheval autant que le repos ; je ne laisse jamais reposer le mien ; je prétends, au contraire, pendant mon séjour ici, le faire courir au moins quatre heures par jour. — Y pensez-vous ? A votre calcul, ce serait lui faire faire quarante milles par jour. — Quarante ou cinquante, n'importe. Demain je vous conduis à Landown ; je vous le promets. — Cela sera charmant, dit Isabelle, en se retournant : ma chère Catherine, je voudrais bien aller avec vous ; mais

je

je crois que la voiture de mon frère n'a de place que pour deux. — Certainement il n'y a de place que pour deux; mais y en eût-il pour trois, il ne sera pas dit que je sois venu à Bath pour le plaisir de promener ma sœur. Cela serait plaisant! Que Morland vous conduise, c'est son affaire. Cela amena un débat de politesse entre James et Isabelle. Catherine n'en comprit pas bien les raisons et n'en calcula pas le résultat.

La conversation prit enfin une autre tournure. On se mit à examiner chacune des femmes que l'on rencontrait; on prononça sur leur beauté; on distribua, du ton le plus tranchant, la louange et le blâme. Catherine écoutait, applaudissait avec toute la politesse et la défiance d'une jeune personne timide qui craint de hasarder une opinion différente de celle qu'on énonce d'une manière si décidée, surtout quand il s'agit de la beauté. Elle résolut à la fin d'essayer de changer le sujet de la conversation par une question que depuis long-tems elle désirait faire. Avez-vous lu Udolphe, dit-elle, M. Thorpe? — Udolphe! Ma foi, non : je ne lis jamais de romans ; j'ai bien autre chose à faire. Catherine humiliée et honteuse allait justifier sa question, quand il la prévint. — Les romans, ajouta-t-il, sont tous pleins de sottises et d'invraisemblances; il n'y en a pas un seul de supportable ; depuis Tom Jones, excepté le Moine, que j'ai lu l'autre jour, tous les autres sont les plus stupides productions du monde. — Je crois que vous aimeriez Udolphe, si vous le lisiez ; il est si intéressant! — Non, ma foi :

si j'en lis jamais, ce ne sera que les romans de Mistriss Radcliff; ceux-là sont assez amusans; il s'y trouve de la gaieté, du naturel. — Mais Udolphe est de Mistriss Radcliff, dit Catherine avec un peu d'embarras causé par la crainte de mortifier. — Non certainement!.... En serait-il?... Ah! oui.... oui, je m'en souviens; c'est un de ses ouvrages; je le confondais avec un autre sot livre, dont on a beaucoup parlé, fait par une femme, et dont l'heroïne épouse un émigré français. — Je suppose que vous parlez de Camille — Oui : un livre plein de niaiseries invraisemblables..... Un vieillard s'amusant sur une bascule.... Je n'ai jamais eu le courage de parcourir jusqu'à la fin seulement le premier volume. En vérité je devine toutes ces fadaises avant de les lire : aussitôt que j'ai vu que cette Camille épousait un Français, pour rien au monde je n'aurais voulu finir le livre. — Pour moi, je ne l'ai pas lu. — Vous n'y perdez rien, sur ma parole. C'est tout ce que vous pouvez imaginer de plus ridicule. Figurez-vous un sot vieillard, qui, comme je vous l'ai dit, ne sait se plaire que sur une balançoire, et qui apprend le latin. Le livre ne contient pas autre chose.

Cette judicieuse critique, dont tout le mérite était perdu pour la pauvre Catherine, se prolongea jusqu'au moment où l'on arriva à la porte du logement de Mist. Thorpe. Les sentimens de l'amour filial qu'il fallut exprimer, sauvèrent l'auteur de Camille du danger d'un examen plus long et plus approfondi, de la part d'un connaisseur aussi éclairé.

La bonne mère qui avait aperçu et reconnu son fils, était accourue à sa rencontre. Ah! ma mère, dit-il d'une voix élevée, en lui prenant et en lui secouant vigoureusement la main, où diable avez-vous acheté ce vilain chapeau? Il vous donne l'air d'une vieille sorcière. Voici mon ami Morland; je vous l'amène pour passer ici quelques jours avec moi; vous nous ferez préparer deux bons lits, n'est-ce pas, ma mère? Cette bonne femme n'attendait sans doute rien de mieux; elle était habituée à ce genre de démonstrations de tendresse de la part de son fils; elle fut fort satisfaite, et le reçut le plus affectueusement possible. Les deux jeunes sœurs qui s'approchèrent pour le féliciter sur son heureuse arrivée, reçurent aussi leur part de sa courtoisie fraternelle;

il leur demanda à chacune, en les embrassant, pourquoi, diable, elles étaient toujours si laides.

Ces manières déplaisaient fort à Catherine; mais ce jeune homme était l'ami de James et le frère d'Isabelle; de plus, elle savait qu'il la trouvait charmante, c'est ce dont l'avait assurée son amie, quand elles furent ensemble dans la chambre de celle-ci, pour examiner son chapeau ; enfin, il l'avait invitée à danser le soir au bal, où ils devaient se retrouver; de sorte que toutes ces raisons balançaient dans son esprit, l'impression défavorable qu'elle avait reçue, et tenaient en suspens son opinion sur ce nouveau venu. Elle n'eut point été douteuse, si Catherine eût été plus âgée, ou si son caractère eût été plus formé. Jeune comme elle l'était, avec tant de défiance de son propre mérite, il lui était difficile de ne pas être favorable à un homme qui avait dit qu'elle était charmante, qui lui avait demandé d'être son partener au bal ; ainsi, après être restés deux heures ensemble, lorsqu'elle se retira avec James, et que celui-ci lui demanda ce qu'elle pensait de son ami, elle répondit qu'il lui semblait aimable et agréable : réponse qui eût probablement été toute contraire, sans l'impression qu'elle avait reçue par les deux motifs dont nous venons de parler. — C'est le meilleur garçon qui existe, reprit James ; il est un peu tapageur, mais cela ne déplaît pas aux femmes. Comment êtes-vous avec sa famille ? — Parfaitement. J'aime sur-tout Isabelle. — Je suis très-aise de vous entendre. C'est précisément le genre de jeune personne qu'il vous convient d'avoir pour amie : elle est aimable, sans la moindre affectation et remplie de bon sens ; j'ai toujours désiré vous la faire connaître : elle paraît aussi vous aimer beaucoup ; elle dit de vous les choses les plus flatteuses. Et les éloges d'une personne telle que Miss Thorpe, ma chère Catherine, dit-il, en lui serrant affectueusement la main, sont faits pour donner de l'orgueil ! — Je l'aime extrêmement, et je me trouve heureuse de l'avoir rencontrée à Bath. Pourquoi ne m'en avez-vous jamais parlé dans vos lettres ? —Parce que je pensais vous voir bientôt, et vous en parler moi-même. J'espère que vous vous voyez beaucoup ici. C'est une charmante fille, d'une prudence extrême. Elle est adorée de toute sa famille : il est évident qu'on la préfère aux autres. Comme elle doit être admirée ici ! L'est-elle beaucoup ? — Oui, je crois qu'elle l'est beaucoup. M. Allen dit que c'est la plus jolie personne de Bath. — Je le crois : d'ailleurs je ne connais pas en fait de beauté un meilleur juge que M. Allen. Je n'ai pas besoin, ma chère Catherine, de vous demander si vous vous plaisez ici ; il est impossible de ne pas se plaire avec une compagne, une amie telle que Miss Thorpe. Et les Allen ! Je suis sûr que vous en êtes contente aussi. — Très-contente ; ils sont remplis de bonté pour moi ; jamais je n'ai été aussi heureuse. Je le suis encore de vous voir. Que vous êtes bon d'être venu ici exprès pour moi ! James, en recevant ces témoignages de la reconnaissance de sa sœur, sans précisément la désabuser, lui donna l'assurance bien sincère de son tendre attachement pour elle : il lui fit ensuite mille questions sur la santé de son père, de sa mère, sur toutes les affaires, sur tous les détails de sa famille, sur ce qui concernait les personnes qu'il connaissait dans le voisinage de Fullerton. C'en fut assez pour entretenir une conversation dans laquelle James trouvait le moyen de faire entrer de tems à autre l'éloge d'Isabelle.

Ils arrivèrent ainsi en Pulteney-Street. Ils furent fort bien reçus de M. et de Mistriss Allen. Le premier invita James à dîner, et celle-ci le pria d'examiner un manchon et une palatine qu'elle venait d'acheter, et d'en deviner le prix ; ce qu'il fit aussitôt de son mieux. Mais il ne put accepter l'invitation de M. Allen, parcequ'il était déjà engagé chez Mist. Thorpe; et comme il était assez tard, il se retira. Dès qu'il fut sorti, Catherine reprit son cher Udolphe; l'intérêt qu'elle mettait à ce livre, le désir qu'elle avait de connaître le mystère du voile, l'absorbaient tellement, qu'elle parut insensible aux vives inquiétudes que lui exprimait Mist. Allen, sur ce que sa tailleuse ne lui avait pas encore apporté la robe qu'elle devait mettre le soir, tandis qu'il était quarante minutes au-delà de l'heure à laquelle on lui avait promis d'apporter cette robe. Toute à Udolphe, Catherine ne donna que quelques instans à sa toilette, pendant laquelle elle ne pensa ni au bal où elle devait aller le soir, ni au nouveau partener dont elle avait fait la conquête.

CHAPITRE VIII.

Malgré le retard occasionné par Udolphe et par la tailleuse, la société de Pulteney-Street arriva une des premières dans le grand salon. Les Thorpe et James Morland l'y avaient précédée de peu d'instans. A son ordinaire, Isabelle courut à la rencontre de son amie, avec un bruyant empressement. Après avoir admiré la forme de sa robe, l'élégance de sa coiffure, elle prit son bras et toutes deux suivirent leurs chaperons, en se parlant bas, en riant haut, et en se donnant toutes les petites marques d'affection et d'intimité que se prodiguent en public les jeunes demoiselles. Le bal commença. James, partener d'Isabelle, mourait d'impatience d'aller prendre place; mais John n'était pas là : il était allé dans le salon de jeu s'entretenir avec un ami. Miss Thorpe déclara que rien au monde ne la déciderait à danser sans Catherine : si nous ne dansons pas ensemble, si nous nous séparons un instant, nous ne pourrons plus nous rejoindre de la soirée, et si je ne suis constamment avec ma bonne amie, je n'aurais pas le moindre plaisir, dit-elle avec le sourire le plus aimable et le plus sentimental. Catherine lui exprima sa reconnaissance.

A peine trois minutes s'étaient passées à attendre John, qu'Isabelle dit quelques mots à l'oreille de James. S'approchant ensuite de celle de Catherine : ma bonne amie, lui dit-elle, j'en suis désolée, mais il faut que je vous quitte; votre frère ne veut plus attendre; il me tourmente, il craint de ne plus trouver à nous placer : c'est avec le plus grand regret que je vous laisse; John ne peut tarder à revenir; j'espère que vous nous trouverez facilement; adieu, ma toute bonne, ajouta-t-elle, en lui serrant la main, et en s'en allant. Catherine, quoique très-contrariée ne répondit rien. Pour ne pas rester seule; car la jeune Miss Thorpe dansait aussi, elle alla se placer près de Mist. Allen et de Mist. Thorpe. La position, où elle se trouvait, est une des plus désagréables pour une jeune personne, pour une héroïne de roman, même pour une simple danseuse. Attendre un partener qui vous a oubliée, grossir le nombre des délaissées qui ne sont ni jeunes, ni jolies, ni connues, quand on ne doit pas compter parmi elles, c'est être placée d'une manière pénible ; c'est porter, en présence du public, tout le poids de l'inconsidération et de l'incivilité d'un partener. Combien il est difficile, dans de telles circonstances, de prendre un maintien convenable ! Une jeune personne du grand monde eût bien vîte décelé un mécontentement qu'il lui eût été impossible de contenir. Catherine était mécontente, sans doute ; mais sa simplicité ne laissait pas à sa vanité le soin d'exalter ce désagrément ; elle s'assit donc en silence, et sans proférer une seule plainte. Au bout de quelques minutes, elle fut tirée de cet état pénible par le plaisir qu'elle ressentit de voir approcher, non pas M. Thorpe, mais M. Tilney. A peine à trois pas d'elle, il s'avançait encore, sans paraître la voir. Elle rougit; un sourire vint égayer sa physionomie; mais elle ne dit pas un mot. M. Tilney regardait de côté et d'autre. Il parlait avec vivacité à une jolie personne qu'il conduisait : c'est probablement sa sœur, pensa Catherine. C'était cependant pour elle une belle occasion de se livrer au désespoir, pour peu qu'elle eût voulu supposer que cette femme était sans doute celle de M. Tilney; qu'il était à jamais perdu pour elle; qu'elle n'avait plus qu'à se livrer à des regrets éternels. Mais, je le répète, Catherine était trop simple pour penser à concevoir de tels soupçons. Rien que de naturel ne s'offrait à son esprit. Elle n'avait jamais eu l'idée que M. Tilney, jeune comme il était, dût être marié. Elle n'avait remarqué, ni dans ses manières, ni dans sa conversation, rien de ce qu'elle avait observé dans les manières et la conversation des hommes mariés qu'elle connaissait. Il ne lui avait jamais parlé de sa femme; il avait plusieurs fois nommé sa sœur. De tout cela, elle concluait que c'était la sœur de M. Tilney qu'elle voyait. Ainsi, au lieu d'avoir le visage saisi d'une pâleur mortelle, au lieu de tomber évanouie dans les bras de Mistriss Allen, suivant que cette circonstance imprévue paraissait devoir le rendre indispensable, elle resta tranquillement assise sur son siége, conservant l'usage de ses sens, seulement le visage couvert d'un incarnat fort vif. M. Tilney et sa compagne continuaient à s'avancer, mais doucement. Ils marchaient immédiatement derrière une dame de la connaissance de Mistriss Thorpe, qui s'arrêta pour lui parler, et obligea ceux qui la suivaient de s'arrêter aussi. Ils regardèrent les dames qui étaient assises : les yeux de M. Tilney rencontrèrent ceux de Catherine; elle fut à l'instant saluée du plus aimable sourire, en signe de connaissance : elle y répondit de même. M. Tilney, ayant aussi reconnu Mistriss Allen, s'approcha de plus près pour leur présenter ses respects. Je suis très-aise de vous revoir, Monsieur, lui dit Mistriss Allen ; je craignais que vous n'eussiez quitté Bath. Il la rassura en lui disant qu'il l'avait effectivement quitté le matin du jour qui avait suivi celui où il avait eu l'avantage de les voir, et qu'il avait été absent durant toute la semaine.

— Vous n'êtes, je ne crois, pas fâché

d'être revenu. Le séjour de Bath convient à la jeunesse; cette ville réunit tous les plaisirs que recherchent les jeunes gens. Je ne cesse de dire à M. Allen, quand il se plaint d'être malade, qu'il est mieux ici que chez lui, surtout dans cette saison; je l'assure qu'il ne peut manquer de guérir ici. — Sûrement, Mistriss, M. Allen est de votre avis? sa santé doit s'améliorer à Bath, et cela nous donne l'espoir de vous y conserver quelque tems. — Ce que vous me dites est obligeant; je vous en remercie, Monsieur. Oui, j'espère rester ici: un de nos voisins, le docteur Skinner, y est venu la saison dernière; il est arrivé très-malade, et en est parti guéri. — C'est pour vous, Mistriss, un motif d'espoir. — Je le vois ainsi. Le docteur est resté ici trois mois avec sa famille : c'est ce que je fais observer à M. Allen, pour lui persuader qu'il ne doit pas penser à partir avant trois mois.

Comme Mistriss Allen ne tarissait jamais, elle eût pu prolonger longtems cette conversation. Mais elle fut interrompue. Mistriss Thorpe la pria de se serrer pour faire place à Mistriss Hughes, et à Miss Tilney, qui désiraient rester près d'elles. Ces dames se mirent en mouvement et firent de la place aux nouvelles venues. M. Tilney resta debout devant elles. Après un moment de silence, il demanda à Catherine la faveur de danser avec elle. Cette proposition, qui lui était si agréable, devint un sujet de peine. Dans le refus qu'elle était obligée de faire, elle exprima avec beaucoup de franchise tout ce qu'elle éprouvait, de sorte que M. Thorpe, qui arriva dans ce moment, put en juger lui-même. Le ton avec lequel celui-ci fit part des motifs qui l'avaient retenu, n'était pas fait pour la consoler du lot qui lui était échu ; il conta toutes les particularités relatives aux chevaux et aux chiens de l'ami qu'il avait rencontré en entrant, et avec lequel il avait traité de l'échange de petits chiens terriers. Ce sujet ne pouvait absorber l'attention de Catherine, aussi elle tourna plusieurs fois la tête du côté où elle avait laissé M. Tilney ; elle pensait encore à la chère Isabelle, qu'elle n'appercevait nulle part, et qui était dans une autre pièce. Elle était donc séparée de sa société, éloignée de toutes ses connaissances, éprouvant des désagrémens successifs, qui furent pour elle une leçon salutaire. Elle reconnut que le plaisir d'aller au bal, d'être à l'avance, engagée par un partener, n'était pas, ainsi qu'elle l'avait cru, ce qu'il y a de plus agréable.

Elle se livrait tristement à ces réflexions, quand elle en fut tirée par un léger coup qu'elle reçut sur l'épaule : en se retournant, elle vit Mistriss Hughes qui d'abord lui demanda pardon de lui avoir donné ce coup, puis lui montrant Mistriss Tilney et un cavalier qui l'accompagnait, lui dit : nous avons cherché Miss Thorpe, sans la trouver; madame sa mère m'assure qu'à son défaut vous serez assez bonne pour arranger que Miss Tilney danse dans votre contre-danse. Elle ne pouvait mieux s'adresser. Catherine fut enchantée de ce qu'on lui demandait. Les deux jeunes Miss furent présentées l'une à l'autre ; Miss Tilney la remercia avec grâce de ce qu'elle voulait bien faire pour elle ; Miss Morland répondit avec tout le naturel d'un esprit très-juste, qui exprime le plaisir qu'il ressent, et Mistriss Hughes, fut satisfaite d'avoir ainsi pourvu au plaisir de sa pupile, et revint prendre sa place près de sa société.

Miss Tilney était jeune, et assez jolie; elle avait une physionomie agréable, un maintien distingué ; ses manières, qui n'étaient ni si affectées ni si brillantes que celles d'Isabelle, étaient plus véritablement élégantes. Elles étaient celle d'une personne raisonnable et bien élevée; sans être ni froide, ni trop prévenante, elle avait une amabilité par laquelle toutefois elle ne cherchait pas à fixer l'attention de tous les hommes ; on ne la voyait pas à tout instant, à la plus légère circonstance, affecter l'exaltation dans la joie ou le chagrin. Mais Catherine n'avait pas besoin de toutes ces apparences aimables, pour se prévenir en faveur de cette jeune Miss; il lui suffisait de savoir qu'elle était la sœur de M. Tilney pour désirer de lui être agréable. Aussi chercha-t-elle à entamer une conversation qui pût intéresser Miss Tilney; mais elle était mécontente de tous les sujets qui se présentaient à elle. Rien ne lui parut assez bien; il faullut donc se réduire à la conversation ordinaire aux personnes qui se voyent pour la première fois, et se demander réciproquement si elles se plaisaient à Bath, si elles en avaient vu les édifices, les environs; si elles aimaient la

danse

danse, la musique, la promenade, les courses à cheval, etc.

A peine la seconde contre-danse finissait, que Catherine se sentit vivement saisir par le bras : c'était sa fidèle Isabelle qui s'écria : ah ! ma chère, vous voilà ? Où vous êtes-vous donc mise ? Depuis une heure je regarde par-tout pour vous voir. Comment avez-vous pu rester ici, quand vous avez su que j'étais dans une autre salle ? Je me suis horriblement ennuyée après vous. — Ma chère Isabelle dit Catherine, comment aurais-je pu aller avec vous, je n'ai pu parvenir à savoir où vous étiez. — Moi je disais toujours à votre frère d'aller vous chercher, de tâcher de vous découvrir pour que j'allasse avec vous; mais il ne m'écoutait pas. Ces hommes, ma chère, sont si pares-

seux ! Il est si difficile d'obtenir d'eux ce qui demande quelque peine de leur part ! Oh ! si vous aviez vu comme je le grondais, vous en auriez été étonnée ; mais vous savez que je traite ces Messieurs sans cérémonies.
— Voyez cette jeune personne qui a des fleurs blanches sur la tête, dit Catherine à Isabelle, en l'attirant et en lui faisant quitter le bras de James, c'est Miss Tilney. — Oh ciel ! Qui aurait dit cela ? Laissez-la moi considérer ; c'est une charmante personne : je n'ai rien vu de plus joli. Mais où est donc son frère ? Ce conquérant est-il ici ? Je meurs d'envie de le voir. M. Morland ne nous écoutez pas : ce n'est pas de vous que nous parlons. — Qu'est-ce que tout ce chuchotage ? dit James, qu'y a-t-il donc ? — Que vous êtes curieux !

Après cela, accusez les femmes d'avoir de la curiosité ! Vous en avez cent fois plus qu'elles ; la vôtre ne sera pas satisfaite cette fois, vous ne saurez rien de ce que nous disons. — Vous me faites en cela plus de plaisir que vous ne le croyez.—Quel homme vous êtes ! Vit-on jamais quelqu'un comme vous? De quoi pouvez-vous vous imaginer que nous parlons? De vous peut-être? Dans ce cas je vous conseille de ne pas écouter ; il serait possible que vous entendissiez des choses qui vous déplussent.

Dans cette discussion un seul objet était intéressant pour Catherine, et à son grand regret ce fut celui sur lequel on passa le plus légèrement. Son amie avait totalement oublié M. Tilney. C'est ce qui arrive dans toute discussion ; lorsqu'elle se termine, on est tout-à-fait éloigné du sujet qui l'avait fait naître.

Lorsque la musique eut annoncé la reprise de la danse, James entraîna sa jolie compagne, qui résistait à demi, en s'écriant que, pour le monde entier, elle ne consentirait pas à danser une troisième fois avec lui; que ce serait s'afficher. Ma chère Catherine, dit-elle assez haut; concevez-vous votre frère qui veut encore me faire danser? J'ai beau lui représenter que cela n'est pas d'usage, qu'il nous faut changer de partener, sans quoi, nous serions la fable de l'assemblée, il s'obstine, il ne veut pas m'écouter. Sur mon honneur, dit James, dans ces grandes assemblées, on n'y fait pas la moindre attention. — Quelle sottise! Comment pouvez-vous dire cela? Vous autres hommes, quand vous avez quelque chose dans l'idée, on ne peut vous faire changer. Ma bonne Catherine, venez à mon secours, aidez-moi à lui persuader que je ne puis lui accorder sa demande. Dites-lui que vous serez mécontente s'il insiste. Vous le serez, n'est-il pas vrai? — Non, point du tout. Cependant si vous croyez que cela soit contre l'usage, il ne faut pas le faire. — Vous entendez votre sœur; elle pense comme moi. Vous me forcez de céder : eh bien ! souvenez-vous qu'il n'y aura pas de ma faute, si vous apprenez que je sois blâmée ce soir par les vieilles ladys qui sont à Bath. Venez avec nous, ma chère Catherine; je vous en conjure, venez avec nous..... Et sans attendre de réponse elle s'échappa avec James pour aller reprendre la place qu'ils avaient.

John Thorpe s'était éloigné, Catherine se trouvant seule, conçut l'espérance qu'en retournant près de Mistriss Allen et Thorpe, elle y retrouverait M. Tilney, qui peut-être lui renouvellerait la proposition qu'il lui avait faite et dont elle avait ressenti tant de plaisir, et tant de peine. Son espoir ne fut pas de longue durée : au premier coup d'œil, elle aperçut que M. Tilney n'était plus avec ces dames.

A peine les eut-elle rejointes, que Mistriss Thorpe, avide d'entendre faire l'éloge de son fils, dit à Catherine : eh bien, ma chère, vous avez été, je l'espère, contente de votre partener? — Très-contente, Madame. — J'en suis charmée : John a de l'esprit; il est aimable : ne le trouvez-vous pas ? Avez-vous vu M. Tilney, lui de manda, Mistriss Allen?—Non, madame; où est-il? — Il est resté avec nous jusqu'au moment où il a entendu la musique : alors il nous a quittées, en disant qu'il allait danser : je pensais que s'il vous rencontrait, il vous engagerait. — Où peut-il être, dit Catherine, en regardant de tous côtés, et à l'instant elle l'aperçut qui conduisait une jeune personne, avec laquelle il prit place. Ah! dit Mistriss Allen, en le découvrant aussi, il a une partener! J'aurais bien désiré que vous fassiez la sienne. Après quelques momens de silence, elle ajouta : c'est un très-agréable jeune homme. —C'est bien la vérité, dit Mistriss Thorpe, en souriant avec un air de satisfaction; je dois convenir, quoique je sois sa mère, qu'il n'y en a pas un plus aimable dans le monde.

—Cette réponse à contre-sens aurait pu paraître une énigme. Mistriss Allen en devina facilement le mot, et se penchant vers Catherine : je crois en vérité, lui dit-elle à l'oreille, qu'elle imagine que je parle de son fils. Ce n'était guères cela qui occupait Miss Morland. Elle était extrêmement tourmentée par l'idée que de sa faute et pour avoir tardé quelques instans, elle avait échappé au plaisir qui faisait l'objet de ses vœux, celui de retrouver M. Tilney et peut-être de danser avec lui. L'effet de cette contrariété retomba sur John, qui se présentant un moment après, lui dit : j'espère, Miss, que nous allons danser une anglaise. Oh non ! répondit-elle, je vous suis obligée ; nous avons déjà dansé deux fois ensemble. D'ailleurs je suis fatiguée, et je ne veux plus danser.— Comme il vous plaira. Eh bien! venez faire le tour de la salle, vous verrez les plaisans personnages qui s'y trouvent. Je vous montrerai les quatre carricatures les plus ridicules que l'on puisse rencontrer; ce sont mes deux jeunes sœurs et leurs parteners; depuis une demi-heure je pâme de rire en les regardant.

Cette proposition n'étant pas mieux accueillie, il quitta Catherine pour aller continuer à se moquer de ses sœurs. Le reste de la soirée fut triste : M. Tilney resta avec sa partener et ne parut pas. Lorsqu'on prit le thé, Miss Tilney était bien à la même table, mais éloignée d'elle; et Isabelle était tellement occupée à causer avec James, qu'à peine trouvait-elle le moment d'adresser un sourire à son amie, de lui serrer la main, ou de laisser échapper quelques-unes de ces expressions : ma chère Catherine... ma toute bonne.....

CHAPITRE IX.

Les événemens de cette soirée, si désagréable pour Catherine, produisirent sur elle un effet tout particulier.

Elle éprouva d'abord un mécontentement qui se porta sur toutes les personnes qui étaient au bal, et qui dura tout le tems qu'elle y resta. L'ennui survint bientôt, et produisit un désir vif de retourner chez elle. A peine y fut-elle arrivée, qu'elle se sentit pressée d'un grand besoin de manger; elle l'apaisa, et aussitôt celui de dormir s'empara d'elle : elle se hâta de se mettre au lit, où la fatigue, occasionnée par les diverses sensations qu'elle avait éprouvées, la plongea dans un sommeil profond, sommeil qui dura neuf heures et qui lui rendit le repos et la gaieté.

L'espoir revint aussi et lui donna de nouveaux projets. Elle prit la résolution d'entretenir la connaissance qu'elle avait faite de Miss Tilney. Et pensant que celle-ci, en qualité de nouvelle arrivée, ne pouvait manquer de se trouver à la *Pump-Room*, elle choisit ce but de promenade qui avait d'ailleurs de l'attrait pour elle, par l'agrément qu'il lui offrait. En effet c'était là qu'elle avait trouvé des amies intimes; c'était là qu'elle s'entretenait avec elles en petit comité et qu'elles se faisaient leurs confidences, c'était enfin là qu'elle avait la presque certitude de voir les personnes qu'elle désirait rencontrer.

Son plan arrêté, elle prit un livre, bien résolue de ne le quitter qu'au moment que l'horloge frapperait une heure. Les fréquentes exclamations, les *à-parte* multipliés de Mistriss Allen, lui causaient quelques distractions, dont elle avait déjà pris l'habitude. Car bien que la nullité de l'esprit de cette dame et le vide de sa tête lui fournît peu de sujets de conversation, elle ne restait cependant pas pour cela long-tems dans le silence: elle débitait toutes les pensées qui se présentaient à elle, ou que le moindre objet faisait naître. Si pendant qu'elle travaillait, son aiguille tombait, si elle cassait son fil, si elle apercevait une tache à sa robe, elle ne manquait pas d'en faire tout haut l'observation. Elle se parlait à elle-même et répondait à ses propres questions.

Un peu après midi et demi, un bruit assez grand se fit entendre dans la rue ; Mistriss Allen courut à la fenêtre : à peine eut-elle dit que c'était deux voitures découvertes, qu'elle les vit s'arrêter devant la porte de sa maison, et pendant qu'elle observait, haut à sa manière, qu'il n'y avait qu'un domestique dans la première, et que la seconde où était Miss Thorpe, était conduite par le frère de Catherine, John se fit entendre en appelant Miss Morland tout en montant l'escalier.

Me voici, dit-il, en entrant.... Vous ai-je fait attendre trop long-tems ?..... Ce diable de sellier a été une éternité à réparer les harnois de mon cheval ; il trouvait toujours quelque chose à y refaire. Après nous avoir assuré qu'ils étaient en bon état, que nous pouvions partir, ne voilà-t-il pas qu'au milieu même de la rue, tout a été au diable. Comment vous portez-vous, Mistriss Allen ? Nous avons eu hier un beau bal, n'est-il pas vrai ? Allons, Miss Morland, dépêchez-vous : les autres sont en bas qui nous attendent et qui s'impatientent. — Que voulez-vous dire, répondit Catherine, où voulez-vous que j'aille ? — Où je veux que vous alliez ? Avez-vous déjà oublié que nous sommes convenus que je vous conduirais ce matin à Claverton-Down ? Tue dieu ! quelle tête vous avez ! — Je me souviens effectivement que vous avez parlé de faire cette partie, dit Catherine en regardant

Mistriss Allen, comme pour lui demander ce qu'elle en pensait ; mais réellement je ne vous attendais pas.
— Vous ne m'attendiez pas ! Voilà qui est bon ! Que comptiez-vous donc faire ce matin, si je ne fusse venu ? Catherine garda le silence ; ses regards sollicitaient de plus en plus Mistriss Allen de lui dicter la réponse qu'elle devait faire. Mais Mistriss Allen ne connaissait rien au langage des yeux ; jamais elle n'y faisait attention. Cependant le plaisir qui se présentait produisit son effet sur Catherine ; il balança, il affaiblit peu-à-peu le désir qu'elle avait de voir Miss Tilney. D'un autre côté, Mistriss Allen ne faisait point d'objections contre cette promenade ; et Catherine pouvait d'autant moins en trouver

qu'elle voyait qu'Isabelle était avec James, comme John lui proposait d'aller avec lui. Malgré ces dispositions, elle ne voulut cependant pas se décider sans avoir consulté Mistriss Allen. Eh bien! Mistriss, lui dit-elle enfin, qu'en pensez-vous? Puis-je vous quitter durant une heure ou deux et accepter la promenade qu'on me propose? Faites comme il vous plaira, ma chère, repondit Mistriss Allen, avec la plus calme indifférence. Catherine n'eut pas de peine à se décider; aussitôt elle courut se préparer, revint au bout de quelques minutes, ayant à peine laissé à M. Thorpe, le tems de faire admirer son gig à Mistriss Allen. Celle-ci leur souhaita du plaisir dans leur promenade, et ils la quittèrent.

Chère amie, s'écria Isabelle, qui

en la voyant, se livra, comme à son ordinaire, aux transports de la plus vive joie ; chère amie, vous avez été au moins trois heures à vous préparer: je mourais d'inquiétude que vous ne fussiez malade ; le délicieux bal que nous avons eu hier! J'ai mille choses à vous dire ; mais dépêchons-nous de partir ; nous n'avons point de tems à perdre. Catherine, qui s'était approchée pour lui souhaiter le bon jour, la quitta pour monter de suite, suivant le désir d'Isabelle, dans la voiture de John, et elle entendit dire à James : ô! la douce, la charmante fille! Je l'aime de passion. Ne vous effrayez pas, Miss Morland, lui dit M. Thorpe en lui donnant la main pour monter en voiture ; ne vous effrayez pas si mon cheval se laisse aller à quelque gaieté en partant ; il est si fringant qu'il fera mille caracoles ; mais soyez tranquille, dès qu'il sentira la main de son maître, il sera bientôt à la raison ; il est plein d'ardeur ; mais je le rends doux comme un mouton. Catherine qui n'avait aucune raison pour douter de la vérité de ce que disait M. Thorpe, n'était pas sans crainte sur les dangers qu'elle courait, avec un cheval aussi vif ; mais elle était trop avancée pour reculer et la confiance de la jeunesse, vint promptement remplacer le petit mouvement d'hésitation qu'elle avait eu ; elle sauta légèrement dans la petite voiture, et le fashionable Thorpe se plaça près d'elle.

Alors John ordonna d'une voix impérieuse et dure, au valet qui se tenait à la tête du cheval, de le laisser aller. Mais la pauvre bête partit très-paisiblement au pas et sans caracoles. Catherine contente d'échapper aux dangers qu'elle avait craints exprima sa joie et sa surprise. Son compagnon l'assura que c'était au talent qu'il avait pour conduire qu'elle était redevable de la sagesse de son cheval, qu'il savait le maîtriser et le rendre docile, par la manière dont il se servait des guides, et qu'il lui faisait sentir la main. Catherine pensa que c'était bien inutilement qu'il l'avait d'abord effrayée, puisqu'il était si sûr de contenir son cheval, et se félicita en même tems d'être avec un aussi bon conducteur. L'animal continua à suivre son allure, sans témoigner la moindre propension à s'animer; ce qui tranquillisa tout-à-fait Catherine, et lui permit de se livrer entièrement au plaisir de faire une jolie promenade par un beau soleil du mois de Février, et même de le faire assez lestement; car elle se ressouvenait que John lui avait dit que son cheval ne pouvait faire moins de dix milles par heure.

Un assez long silence succéda au court dialogue qu'ils avaient eu dans le premier moment. M. Thorpe rompit ce silence, en disant assez brusquement : ce vieux Allen est riche comme un juif, n'est-il pas vrai? Catherine répondit qu'elle ne comprenait pas ce qu'il disait; il répéta la question, en ajoutant, le vieux Allen avec qui vous êtes?—Oh! c'est de M. Allen que vous parlez : oui, je le crois très-riche. — Il n'a point d'enfans? — Non. — Fameuse succession! C'est joli pour un héritier. Il est votre parrain, n'est-ce pas? — Mon parrain, à moi? Non vraiment. — Mais vous êtes toujours chez lui. — J'y vais très-souvent. — Ah! j'entends, j'entends. C'est un bon vivant, le papa ; il en a fait des siennes dans le tems, je le gagerais. Il n'est pas goutteux pour rien : boit-il bien sa bouteille par jour? — Une bouteille par jour! Non assurément; comment pouvez-vous le penser? C'est un homme très-sobre ; vous en avez été témoin la nuit dernière au bal. — Bon Dieu! vous autres femmes vous vous imaginez qu'un rien suffit pour nous enivrer. Croyez-vous donc qu'un homme ne puisse soutenir sa bouteille ; pour moi je suis sûr que si chaque homme en buvait une par jour, il n'y aurait pas de moitié autant de désordre que l'on en voit maintenant. Cela serait bon pour tout le monde. — J'ai peine à croire cela. — Oh, diable! c'est pourtant bien vrai; comme il l'est également qu'on ne dépense pas la centième partie du vin, dont notre climat brumeux rend la consommation nécessaire.— J'ai cependant entendu dire qu'elle était grande à Oxford. — A Oxford! Il n'y a point de buveurs à Oxford. Vous y trouverez à peine un homme capable de boire ses quatre mesures ; c'est le plus. Il faut avouer pourtant que, pendant notre dernier séjour à Oxford, on a remarqué que d'après calcul fait, l'un dans l'autre, nous buvions chacun cinq pintes par jour. Cela peut vous paraître extraordinaire ; pour moi, ce n'est qu'une bagatelle, et je ne vous dis cela que pour vous donner une idée juste de ce qu'un homme peut boire sans qu'il y paraisse. — Vous m'en donnez vraiment une belle idée, reprit vivement Catherine, comment imaginer en effet qu'il soit possible de boire autant que vous dites que vous buvez. James, je l'espère, ne suit pas votre exemple. La chaleur qu'elle avait mise dans cette réponse, lui en attira une bien autrement vive, toute remplie de fréquentes exclamations entremêlées des juremens qui faisaient les ordinaires ornemens des discours de John. Cette réponse ne fit que confirmer Catherine dans l'opinion où elle était qu'il se faisait une grande consommation de vin à Oxford; que John était un des zélés consommateurs, et qu'en comparaison de lui, James pouvait être cité pour sa sobriété.

Thorpe voyant la mauvaise tournure que cette conversation avait prise, se remit à parler du mérite de son équipage: il fit de nouveau le détail

détail des précieuses qualités qui distinguaient son cheval, de sa vîtesse, du moëlleux de ses mouvemens, lesquels selon lui étaient tels qu'ils rendaient presqu'insensibles ceux de la voiture. Catherine, sans aucune connaissance sur un pareil sujet, et avec beaucoup de méfiance d'elle-même, ne pouvait qu'écouter et faire de tems à autre une simple réponse approbative ; c'était d'ailleurs la seule que lui permettait la volubilité de la langue de son compagnon. Elle devint ainsi en quelque sorte l'écho des louanges que celui-ci se donnait ; et sans la moindre difficulté il fut convenu entr'eux que l'équipage de M. Thorpe l'emportait de beaucoup sur tous ceux de son espèce qui existaient en Angleterre ; qu'il était le plus léger de tous, que son cheval était le meilleur coureur, que lui-même était le plus habile conducteur.

Tous ces points étant décidés et la matière paraissant épuisée sur ce sujet, Catherine, après quelques momens de silence et pour faire diversion, se hasarda à demander à son compagnon s'il pensait que le gig dans lequel James était fût solide. — Solide ! Ah pardieu ! De votre vie vous n'avez vu une semblable patraque; il n'y a pas un fer qui tienne; les roues pouvaient être belles et bonnes il y a dix ans, la caisse de même. Sur mon âme si vous vouliez en prendre la peine, avec le plus léger effort vous parviendriez seule à la mettre en mille pièces; c'est la plus détestable carriole que l'on puisse voir ; je ne voudrais pas pour mille livres être obligé de faire seulement deux milles dedans. Grâces à Dieu, la nôtre est bien différente.—Bon Dieu! s'écria Catherine très-effrayée, il faut absolument nous en retourner; si nous continuons, il arrivera infailliblement quelqu'accident; de grâce, M. Thorpe, retournons. Arrêtez! arrêtez! Parlez à mon frère du danger qu'il court. — Courir du danger! Eh, parbleu! Qu'est-ce que cela fait? Si la voiture casse, eh bien, ils rouleront par terre; le terrein est uni, la chûte ne sera pas désagréable. Au surplus tranquillisez-vous; il ne s'agit que de savoir bien conduire la voiture; une vieillerie comme celle-là est encore assez solide pour durer vingt ans, si elle est en bonnes mains. Tenez, je parie cinquante livres que je la conduis à York et la ramène, sans qu'il y manque un clou.

Tout ce que Catherine entendait la jettait dans le plus grand étonnement; elle ne savait comment concilier des opinions si différentes sur le même sujet. Les discussions étaient pour elle des choses inconnues. Jamais il ne s'en était soutenu dans sa famille sur quelque sujet que ce fût. Si quelqu'un en entamait une, elle était arrêtée sur-le-champ, ou par une pointe, ou par une plaisanterie faite par son père, ou par un proverbe cité par sa mère; elle avait bien moins encore été dans le cas de connaître les faussetés et les contradictions, dont la vanité se sert pour se faire valoir; jamais, chez ses parens, on ne pensait à recourir à des détours peu véridiques pour se donner quelqu'importance, ni à assurer une chose pour la démentir quelques momens après. Tout, jusqu'à ses réflexions, contribuait à la tenir dans l'incertitude la plus pénible ; d'abord elle chercha à s'assurer par de nouvelles questions si M. Thorpe croyait réellement que la voiture de James fût dans le cas de se briser. Et enfin, comparant tout ce qu'elle venait d'entendre, elle n'y trouva rien que de vague et d'incertain ; elle s'arrêta à l'idée que M. Thorpe ne voudrait pas laisser courir à sa sœur et à son ami un danger qu'il pouvait si facilement prévenir, elle se persuada que cette voiture n'était pas en si mauvais état qu'il le disait, et elle se tranquillisa à ce sujet.

John lui-même montra qu'il avait perdu toutes ses craintes ; car dans tout le reste de la conversation ou pour mieux dire de son monologue, il ne parla plus que de lui et de ce qui le concernait. Il fit le récit de tous les marchés de chevaux qu'il avait terminés, tantôt pour des bagatelles, tantôt pour des sommes énormes. Il désigna de quelles races provenaient tous ceux qu'il avait eus; il énuméra tous les paris qu'il avait faits sur des courses, et qu'il avait gagnés par ses connaissances, qui lui faisaient juger infailliblement de la valeur et de la vîtesse d'un cheval. Il détailla tous les mauvais pas dont l'ardeur de son excellent coursier l'avait tiré sans le moindre accident, tandis que ses camarades y étaient presque tous restés. Ensuite il se vanta de tuer lui seul à la chasse plus de gibier que tous les autres ensemble; il fit la description de quelques fameux traques aux renards, il raconta comment dans telles occasions il avait été obligé de se charger de diriger lui-même les chiens, de rectifier la marche de la meute, de réparer les méprises des chasseurs les plus expérimentés.

Catherine avait trop peu de connaissances sur tous ces objets pour pouvoir apprécier au juste de tels récits, et comme elle avait des notions trop incertaines sur les qualités auxquelles un homme peut atteindre, elle n'osait entièrement repousser les doutes qui naissaient dans son esprit sur les prouesses de John et les éloges sans fin qu'il se donnait. Il était frère d'Isabelle : ses manières plaisaient à toutes les femmes d'après l'assurance donnée par James ; cependant en dépit de ces deux autorités la fatigue que lui faisait éprouver cette société, fatigue qui ne tarda pas à se faire sentir et qui s'accrut constamment jusqu'à ce qu'ils fussent arrivés en Pulteney-Street lui fit naître quelques doutes sur l'infallibilité du jugement de son frère et de son amie; elle commença à faire usage du sien et à s'arrêter à la pensée que le plus grand des plaisirs n'était pas celui d'avoir M. Thorpe pour partener, soit en voiture, soit au bal.

Lorsque les voitures furent arrivées devant la porte de Mistriss Allen, Isabelle donna des marques éclatantes du plus grand étonnement, en apprenant qu'il était aussi tard. Trois heures passées ! Cela était inconcevable, incroyable, impossible ! Elle ne voulut s'en rapporter, ni à sa montre, ni à son frère, ni au domestique;

selon elle chacun voulait la tromper, et elle ne céda que lorsque M. Morland, tirant lui-même sa montre, lui prouva la vérité de l'assertion générale. Comment alors se refuser à croire! Le doute eût été ridicule. Elle n'en protesta pas moins contre l'assertion de tout le monde, qu'il était impossible qu'elle eût été deux heures et demie à la promenade. Elle appela Catherine en témoignage. Celle-ci, qui ne pouvait dire une fausseté, même pour plaire à son amie, s'accorda avec les autres ; mais c'était peine perdue : Isabelle ne fit aucune attention à sa réponse; elle était trop préoccupée de ce qui remplissait sa tête: « il était tard, il fallait inconti-
« nent retourner chez sa mère :
« depuis des siècles elle n'avait eu
« un seul moment de conversation

« avec sa chère Catherine, et elle avait
« tant de choses à lui dire ! Jamais elles
« ne pouvaient être seules ensemble. »
Enfin avec le sourire le plus tendre,
les yeux mouillés de larmes, elle
embrassa sa chère Catherine, et partit.

Cette dernière trouva Mistriss Allen
entièrement débarrassée des soins de
la matinée. Elle en fut accueillie
par un « eh bien, ma chère !
Ah ! vous voilà ! J'espère que vous
avez eu du plaisir à votre promenade.»
— Oui Mistriss, je vous remercie;
nous ne pouvions avoir une plus
belle journée. — C'est ce que me
disait Mistriss Thorpe. — Elle était
charmée que vous en eussiez profité.
— Vous avez vu Mistriss Thorpe ?
— Oui, aussitôt que vous avez été
partie, je suis allée à la *Pump-Room*,
où je l'ai rencontrée; nous avons

beaucoup causé ensemble : elle m'a dit que le veau était extrêmement rare, qu'on n'avait presque pas pu en trouver au marché ce matin. — N'avez-vous pas vu d'autres personnes de votre connaissance ? — Arrivées au demi-cercle, nous avons eu le plaisir de rencontrer Mistriss Hughes ; Monsieur et Miss Tilney se promenaient avec elle. — En vérité !... se sont-ils arrêtés avec vous ? — Oui, nous nous sommes promenés ensemble plus d'une demi-heure ,...... Je les trouve très-aimables. Miss Tilney avait une jolie robe de mousseline brodée ; il y a apparence qu'elle se met toujours bien. Mistriss Hughes m'a raconté beaucoup de choses sur la famille de cette jeune personne. — Et qu'a-t-elle pu vous dire ? — Oh ! beaucoup de choses : elle ne m'a parlé que de cela. — Vous a-t-elle dit en quelle partie de Glomester-Shire elle réside ? — Oui, elle me l'a dit; mais je ne m'en souviens pas bien ; M. et Miss Tilney sont d'une bonne famille. Mistriss Tilney était une Miss Drummond ; elle et Mistriss Hughes étaient camarades d'école. La première avait une grande fortune ; quand elle s'est mariée, son père lui a donné vingt mille pièces, et elle en a eu cinq cent pour son trousseau. Mistriss Hughes a vu toutes les robes au moment même qu'on les apportait. — M. et Mistriss Tilney sont-ils à Bath? — Je crois qu'ils y sont...., cependant je n'en suis pas bien sûre... mais en me le rappellant, j'ai quelque idée qu'ils sont morts... du moins Mistriss. — Oui, oui ! j'en suis sûre, Mistriss Tilney est morte ; j'en suis assurée maintenant; car M. Drummond avait donné à sa fille, le jour où elle s'est mariée, un superbe rang de perles, et Miss Tilney l'a eu à la mort de sa mère. — M. Tilney, mon partener, est-il le seul fils de cette famille?— Je n'en suis pas bien sûre, ma chère; j'ai cependant quelque idée qu'il est fils unique. C'est un beau jeune homme, un jeune homme de mérite, et fort aimé de tout le monde, suivant ce que dit Mistriss Hughes.

Catherine n'étendit pas ses questions plus loin : elle vit aisément par les réponses de Mistriss Allen que celle-ci n'avait rien de plus à lui apprendre sur l'objet qui l'intéressait. Elle fut extrêmement contrariée d'avoir manqué une si belle occasion de se trouver avec M. et Mistriss Tilney : si elle eût pu la prévoir, rien assurément

ment ne l'aurait décidée à accepter la proposition de M. Thorpe : elle accusa son mauvais sort de l'avoir privée du plaisir qu'elle désirait et de l'avoir comme forcée de passer si désagréablement son tems avec un homme qui lui parut alors plus fâcheux et plus insupportable que jamais.

CHAPITRE X.

Le soir Catherine alla au spectacle avec Mistriss Allen. A peine étaient-elles placées, que Mistriss Thorpe vint avec sa famille et M. Morland se réunir à elles. Oh! comment, ma chère Catherine, dit Isabelle en entrant dans la loge, vous êtes ici la première! Charmante fille!... Elle s'assit à ses côtés; puis s'adressant à James, qui s'était aussi placé près de sa sœur, je vous préviens, M. Morland, lui dit-elle, que je ne vous adresserai pas un mot de la soirée; arrangez-vous là-dessus. C'était effectivement pour elle une belle occasion d'entretenir son amie d'une partie des cent mille choses qu'elle lui avait annoncé avoir à lui dire sur tout ce qui s'était passé depuis un siècle qu'elles n'avaient pu causer en particulier. Comment vous êtes-vous portée, ma chère Catherine, reprit-elle, pendant l'éternité que nous n'avons pu être ensemble ? Mais ais-je besoin de le demander, en voyant l'éclat brillant de vos beaux yeux ? En vérité, je ne vous ai jamais vue coiffée avec autant de goût: c'est une perfidie; quel homme pourra vous résister ! Mon frère, je vous l'assure est déjà vaincu par vos charmes: quant à M. Tilney..., mais c'est encore un secret.... Malgré toute votre modestie, vous ne pouvez plus douter maintenant de ses sentimens. Son retour à Bath ne les fait que trop paraître. Je donnerais tout au monde pour le voir ; j'en ai une impatience inexprimable. Ma mère dit que c'est le plus aimable jeune homme que l'on puisse trouver. Elle l'a vu ce matin, vous le savez. Montrez-le moi, je vous en prie; est-il maintenant dans la salle ? Pour Dieu, regardez bien ; je vous assure que je n'aurai pas un moment de tranquillité que je ne l'aie vu. — Je ne crois pas qu'il soit ici, dit Catherine; je ne le vois nulle part. — C'est affreux ! Je ne le rencontrerai donc jamais ! . . . Aimez-vous ma robe, ma chère ? La forme des manches est entièrement de mon invention. Croiriez-vous que je suis extrêmement fatiguée de Bath ? J'en parlais ce matin avec votre frère, nous nous accordions à dire qu'il était agréable d'y passer quelques semaines ; mais que pour des millions nous ne consentirions pas à y fixer notre résidence. Ce n'est pas en cela seul que nos goûts se rapportent, nous préférons aussi le séjour de la campagne à celui de la ville; enfin pendant toute notre conversation il a régné une telle conformité dans nos opinions que c'en était presque ridicule. Pour rien au monde je n'aurais voulu que vous y fussiez présente : vous êtes maligne, vous n'auriez pas manqué de faire quelques méchantes remarques. — Pourquoi cela ? Je vous assure que je n'en aurais fait aucune.—Oh! certainement vous en auriez fait; je vous connais mieux que vous ne vous connaissez vous-même ; vous n'auriez pas manqué de dire que nous étions nés l'un pour l'autre, ou de faire quelqu'autre plaisanterie pareille qui m'aurait fort embarrassée et m'aurait fait monter le rouge au visage. Je vous le répète, pour rien au monde je n'aurais voulu que vous eussiez été là. — En vérité, vous vous trompez ; non-seulement je n'aurais fait ni sur ce sujet, ni sur tout autre, aucune remarque inconvenante, mais la pensée ne m'en serait pas même venue. Isabelle sourit de manière à faire entendre qu'elle n'en croyait rien, et s'entretint avec James tout le reste de la soirée.

Le désir que Catherine avait de rencontrer Miss Tilney s'accrut encore le lendemain, et lui fit prendre la résolution de retourner le jour même à la *Pump-Room.* La crainte que quelques nouvelles propositions ne vinssent mettre obstacle à ses projets la tourmenta jusqu'au moment de sa sortie ; mais elle fut assez heureuse pour ne pas être contrariée et retardée par des visites importunes. Elle se rendit donc à la *Pump-Room* avec M. et Mistriss Allen. Le premier après avoir bu son verre d'eau se réunit à quelques hommes pour parler des événemens politiques du jour, et comparer la manière différente dont les diverses feuilles rendent compte du même fait. Mistriss Allen et Catherine se promenèrent ensemble en examinant chaque nouveau visage, chaque nouveau chapeau. Un quart d'heure plus tard Mistriss Thorpe arriva avec sa famille et M. Morland. Catherine, suivant sa coutume se réunit à Isabelle, James resta avec elles, et se séparant insensiblement de la compagnie ils se promenèrent tous trois ensemble. Catherine ne tarda pas à sentir tout ce que cette société avait de désagréable pour elle, puisqu'elle s'y trouvait comme entièrement isolée. Isabelle et

James ne s'occupaient que de causer entr'eux ; ils élevaient quelques discussions sentimentales qu'ils soutenaient en se parlant à voix basse et en laissant échapper de tems à autre quelques éclats de rire. S'ils adressaient la parole à Catherine, ce que toutefois ils ne faisaient que très-rarement, c'était pour lui demander de décider sur la question qu'ils agitaient et sur laquelle elle pouvait d'autant moins donner son avis qu'elle n'en avait pas entendu un mot.

Fatiguée du rôle qu'elle jouait, elle chercha et parvint à se séparer d'Isabelle ; elle ne fut pas long-tems sans apercevoir Miss Tilney, qui arrivait avec Mistriss Hughes. Le plaisir la ranima et la conduisit à la rencontre de celle qu'elle désirait si ardemment trouver. Elle en fut accueillie avec beaucoup de politesse, et ses avances furent reçues avec des marques d'amitié. Elles se promenèrent ensemble tout le tems que les deux sociétés restèrent dans la *Pump-Room*. Elles firent des observations, des réflexions qui sans doute avaient été faites auparavant plus de mille fois à chaque saison et dans le même lieu, mais qui avaient ici le mérite assez rare d'être exprimées avec simplicité, sans aucune recherche et avec le caractère de l'exacte vérité. Comme votre frère danse bien ! fut une exclamation ingénue qui échappa à Catherine à la suite de cette conversation : cette exclamation étonna et fit sourire Miss Tilney. Henri ! dit-elle en riant ; oui, il danse assez bien. — Il ne peut avoir dernièrement pensé que mal de moi. Il m'avait invitée à danser, je n'ai pu accepter son offre, et je lui ai donné pour motif que j'avais un engagement. Il aura remarqué que je suis restée assise ; cependant dans la réalité j'étais engagée pour toute la soirée avec M. Thorpe. Miss Tilney inclina la tête et ne répondit rien. Vous ne pouvez imaginer, reprit Catherine, quelle a été ma surprise, en le revoyant; je le croyais parti. — Quand Henri a eu le plaisir de vous voir pour la première fois, il n'était à Bath que pour deux jours, et il y était venu y choisir notre logement. — C'est ce qui ne m'est pas venu en idée. Ne le rencontrant nul part, il était naturel de penser qu'il était parti. La jeune demoiselle avec laquelle il a dansé mardi ne se nomme-t-elle pas Miss Smith? — Oui, c'est une connaissance de Mistriss Hughes. —

Elle paraissait bien contente de danser. Trouvez-vous qu'elle soit jolie? — Non : pas absolument. — Votre frère ne vient donc jamais à la *Pump-Room?* — Pardonnez-moi, il y vient quelquefois : ce matin il a monté à cheval avec mon père. Dans ce moment Mistriss Hughes s'approcha, et demanda à Miss Tilney si elle était prête à retourner. — J'espère, dit Catherine à celle-ci, que j'aurai bientôt le plaisir de vous revoir. Irez-vous demain au bal? Cela serait possible. Oui, je pense que nous irons. — J'en suis bien aise ; car nous irons aussi. Après une réponse polie de Miss Tilney, on se sépara.

Miss Tilney recueillit dans cet entretien quelques notions sur les sentimens de sa nouvelle amie, qui de son côté était bien éloignée de soupçonner

çonner qu'elle eût pu dire quelque chose qui fût capable de la trahir. Catherine rentra donc à la maison très-heureuse de ce que la matinée avait répondu à son désir. La soirée du jour suivant fut alors le nouveau sujet qui occupa toutes ses pensées. La robe qu'elle devait mettre, la coiffure qu'elle devait choisir, devinrent l'objet important de ses réflexions. Je ne chercherai point à la justifier, parce que la parure est toujours une occupation frivole, et que le soin excessif que l'on en prend nuit pour l'ordinaire aux avantages que l'on a reçus de la nature. C'est ce que Catherine ne pouvait ignorer. Sa grand'tante lui avait fait une lecture sur ce sujet aux dernières fêtes de Noël. Elle n'en veilla pas moins assez long-tems la nuit du mercredi au jeudi, pour avoir le loisir de délibérer si elle mettrait sa robe de mousseline brodée à la main ou celle qui était brodée au tambour. Si ce n'eût été pour le lendemain, elle n'aurait certainement pas manqué d'en acheter une neuve.

Elle tombait dans l'erreur commune à presque toutes les femmes, erreur dont il faudrait qu'elles fussent toutes averties plutôt par une personne de l'autre sexe que du nôtre, par un frère plutôt que par une grand'tante. Un homme en effet doit en être cru lorsqu'il assure que les hommes font peu d'attention à une robe neuve. Qu'il serait désolant pour bien des femmes d'apprendre d'une manière sûre le peu d'effet qu'une parure riche et nouvelle fait sur le cœur des hommes, et quel effet la différence d'une robe de soie, de mousseline ou de jassenar produit sur leurs sentimens. La parure d'une femme n'est que pour sa satisfaction propre. Elle peut en être plus brillante, mais non plus belle, plus admirée, mais non plus aimée. Une parure propre et soignée suffit pour plaire aux hommes; une simplicité de bon goût est presque toujours ce qu'il y a de plus favorable à la beauté. Mais aucune de ces importantes réflexions ne vint à la pensée de Catherine.

Le jeudi soir elle arriva au bal dans une disposition d'esprit bien différente de celle qu'elle y avait apportée le mardi précédent. Alors elle était sous le poids d'un engagement avec M. Thorpe, et aujourd'hui elle mettait tous ses soins à éviter sa rencontre et une nouvelle invitation de sa part. Quoiqu'elle ne pensât pas, quoiqu'elle n'osât pas même penser que M. Tilney voulût l'inviter une troisième fois à danser, elle le désirait cependant, elle l'espérait, et elle tâchait d'arranger les choses de manière à rester libre. Toutes les jeunes personnes peuvent comprendre les agitations de notre héroïne dans ce moment. Il n'en est guères qui ne les aient éprouvées quelquefois : n'ont-elles pas toutes eu à craindre ou cru avoir à craindre les poursuites de celui qu'elles voulaient éviter, et à éprouver l'inquiétude de ne pas fixer l'attention de celui auquel elles désiraient plaire?

A l'approche des Thorpe Catherine éprouva les angoisses de l'agonie;

elle cherchait de tout son pouvoir à se dérober à la vue de John. Se tournait-il de son côté, elle était saisie d'un frisson mortel. Les quadrilles se formaient et les Tilney ne paraissaient nulle part. Ne me condamnez pas, ma chère Catherine, lui dit tout bas Isabelle : je ne puis me dispenser de danser encore avec votre frère. Je sais tout ce que cela peut avoir de choquant, je ne cesse de le lui répéter et de lui en faire honte à lui-même, il insiste toujours : il faut que vous me rassuriez par votre exemple ; venez avec nous, ma chère amie, vous danserez avec John ; il nous a quittés, mais il va revenir dans le moment ; et sans attendre de réponse, elle disparut avec James. John Thorpe était assez éloigné, mais Catherine le voyait encore et n'en désirait que plus vivement qu'il disparût aussi. C'est ce qu'il fit à la fin. Dès le moment où elle n'eut plus à l'observer, ni à le craindre, elle resta les yeux absolument fixés sur son éventail, se livrant à des pensées qu'elle taxait elle-même de folie. Car en supposant que M. Tilney fût dans cette foule, il pouvait se passer beaucoup de tems avant qu'il l'aperçût; il pouvait aussi avoir engagé une autre partener. Ces idées l'absorbaient toute entière. Ce fut M. Tilney lui-même qui la tira de cet état, en lui adressant une respectueuse invitation. On concevra sans peine avec quel délicieux battement de cœur cette invitation fut acceptée. La joie la plus franche était peinte dans ses yeux. Elle se leva avec empressement, et le suivit avec un trouble qu'il lui était impossible de cacher. Échapper à l'ennui presqu'inévitable de danser avec John; être invitée par M. Tilney aussitôt qu'elle en avait été aperçue, comme s'il avait eu lui-même le désir de la chercher; avoir été libre de l'accepter; c'était ce qu'elle avait regardé comme presqu'impossible, et ce qui l'élevait au plus haut dégré de la félicité.

A peine étaient-ils parvenus à s'assurer une place, que l'attention de Catherine fut attirée par la présence de John qui s'arrêta devant elle. Comment, Miss Morland, dit-il! Comment! Vous ici? Je croyais que nous devions danser ensemble. — Je m'étonne que vous ayez eu cette pensée, puisque vous ne m'avez pas invitée. — Fort bien! De par Dieu, je vous ai engagée tout en entrant dans la salle, et je suis revenu pour vous rappeler cet engagement au moment que vous veniez de quitter votre place. . . . C'est un tour perfide que vous me jouez. Je ne viens ici que pour l'amour de vous, que pour vous faire danser.... et vous vous étiez engagée avec moi depuis mardi dernier. Oui, oui, je me souviens de la demande que je vous ai faite, quand vous étiez dans l'antichambre et que vous mettiez votre manteau. J'ai dit à tous mes amis que cette nuit je danserais avec la plus jolie personne du bal. Quand ils vous verront danser avec un autre, c'est alors que je vais être l'objet de leurs railleries.

— Eh non! Ils ne pourront jamais me reconnaître au portrait

que vous dites leur avoir fait de moi.

—S'ils ne vous reconnaissaient pas ils mériteraient tous d'être jettés à la porte comme des imbécilles. Quel est donc votre partener actuel?

— M. Tilney.

—Tilney! répéta-t-il. Hem, je ne connais pas ce nom-là. C'est une bonne figure d'homme. Vous êtes bien ensemble. Sait-il manier un cheval? J'ai ici un de mes amis, Samuel Fletcher, qui en a un à vendre : tout le monde court après. C'est un fameux cheval pour la course. Il ne le fait que quarante guinées ; en demandât-il cinquante que je les donnerais ; car ma manie est d'acheter un bon cheval quand je le trouve. Mais Fletcher hésite, il ne veut rien conclure. Que ne donnerais-je pas pour un bon cheval de chasse : j'en ai trois maintenant ; jamais il n'y en eut de meilleurs ; je n'en donnerais pas un pour huit cents guinées. Nous avons résolu, Fletcher et moi, de louer une maison en Leicester-Shire pour la saison prochaine, car il est diablement désagréable de vivre à l'auberge.

Ce propos fut le dernier auquel Catherine fut obligée de prêter attention. Une longue suite de dames qui passèrent entr'elle et John les sépara. M. Tilney s'approchant alors, lui dit : ce gentelman a épuisé ma patience ; je n'aurais pu m'empêcher de la lui témoigner, s'il fût resté une minute de plus avec vous. C'est un affront réel qu'il m'a fait en me privant ainsi de ma partener : nous avons pour cette soirée une espèce de contrat, dans le but de nous faire jouir mutuellement de la société l'un de l'autre. Ce qu'elle peut nous offrir d'agréable nous appartient exclusivement, de manière que personne ne peut s'emparer de l'attention de l'un sans blesser les droits de l'autre. Je comparerais volontiers l'engagement pour la danse à celui du mariage : fidélité et complaisance, voilà ce qui constitue les devoirs principaux et réciproques de ces deux espèces d'engagemens. Ceux qui n'en forment point n'ont pas plus de droits sur une partener que sur la femme d'un autre. — Cependant ces deux liens sont bien différens. — Croyez-vous qu'ils ne puissent être comparés. — Il me le semble. — Deux personnes qui se marient ne peuvent plus se séparer;

elles doivent pour toujours demeurer et vivre ensemble ; tandis que celles qui s'unissent pour danser n'ont guères qu'une demi-heure à se trouver à côté l'une de l'autre dans une grande salle. — Voilà la manière dont vous considérez le mariage et la danse : sous ce rapport, je conviens qu'effectivement leur ressemblance n'est pas frappante; mais il est un autre point de vue sous lequel on peut les envisager. Vous ne vous refuserez sans doute pas à avouer que dans les deux cas l'homme a le privilége de choisir, et la femme celui de refuser ; qu'il y a de chaque côté entre un homme et une femme un engagement formé pour l'avantage de chacun : que, dès qu'il est contracté, l'un appartient exclusivement à l'autre jusqu'au moment de la dissolution ; qu'il est du devoir de l'un de ne donner à l'autre aucun sujet de regretter de n'avoir pas fait un autre choix; qu'il est de l'intérêt de chacun de ne pas chercher à trouver plus de perfections dans tout autre que dans son partener, et de ne pas s'arrêter à la pensée qu'il eût été plus heureux s'il eût fait un autre choix. Ne convenez-vous pas de cela?—Sans doute, ce que vous dites est vrai; malgré cela, j'ai de la peine à croire que ce ne soit pas deux choses assez différentes pour ne pouvoir être vues sous un même rapport, ni être comparées ensemble.— Votre opinion tient à la différence que vous établissez entre ces deux choses. Dans le mariage, vous ne voyez l'homme que comme le soutien de la femme, et vous croyez que l'obligation de celle-ci ne consiste qu'à s'appliquer à rendre sa maison agréable à son mari. Celui-ci donc doit être tout entier à l'utile, et celle-là est faite pour l'agréable. Dans le bal au contraire les choses suivent un ordre inverse. Les soins, les attentions, les complaisances sont le partage de l'homme, et la femme n'a à s'occuper que de son éventail, de son flacon. Tels sont les différences qui vous frappent et qui vous font regarder toute comparaison comme impossible. — Je vous assure que ces idées ne me sont jamais venues dans l'esprit. — Allons je vois bien que vous n'êtes pas de mon avis; cependant permettez moi une observation; votre manière de voir ne laisse pas d'être inquiétante pour moi, vous ne voulez admettre aucune obligation dans les devoirs de partener, vous ne les regardez pas comme aussi sérieux que le vôtre peut le désirer, dès-lors je dois craindre que si le cavalier qui vient de vous quitter, ou quelqu'autre même revenait, vous ne croyez pouvoir, sans blesser mes droits, causer avec ces Messieurs pendant tout le tems que vous avez bien voulu m'accorder à moi seul. — M. Thorpe est un ami particulier de mon frère ; il vient me parler, je ne puis refuser de lui répondre, mais excepté lui et mon frère, je ne connais dans cette salle aucun cavalier qui puisse venir causer avec moi. — Ah ! si je ne dois avoir que ce motif de sécurité ! Hélas…! Hélas…! — Mais pouvez-vous en avoir de meilleur : je ne connais personne, je n'ai envie de causer avec personne. — Ce dernier motif me rassure, je vais reprendre courage.

Trouvez vous toujours Bath aussi agréable que vous le trouviez lorsque j'ai eu l'honneur de vous voir pour la première fois ? — Encore davantage. — Vous n'y pensez donc pas ? Ne savez-vous pas qu'au bout d'un certain tems on doit en être fatigué, et qu'à la fin des six semaines on ne peut plus y tenir. — Je crois que quand j'y resterais six mois je ne m'y ennuyerais pas. — Vous entendrez cependant répéter par tout le monde que Bath comparé à Londres, ne peut paraître long-tems agréable. Chacun vous dira : pendant six semaines je trouve Bath charmant ; mais après ce tems c'est le lieu le plus monotone qu'on puisse voir. Tel est le langage ordinaire de toutes les personnes qui viennent régulièrement chaque année pour y passer six semaines, qui y restent un an et en partant sont tout étonnées d'y avoir fait un aussi long séjour.

— Je crois cela possible ; chacun juge par comparaison. Ceux qui demeurent à Londres peuvent ne pas aimer Bath ; mais moi je ne trouverai jamais cette ville aussi triste que le petit village que j'habite et qui n'offre aucun agrément, tandis qu'ici on trouve à passer agréablement la journée par la variété des plaisirs qu'on y rencontre.

— Vous n'aimez donc pas la campagne ?

— Pardonnez-moi je l'aime ; j'y ai toujours vécu ; j'y ai toujours été assez heureuse. Mais certes il n'y a nulle comparaison à faire entre la manière de vivre à Bath, et celle de vivre à la campagne, où chaque jour on fait la même chose.

— Mais à la campagne vos occupations sont plus solides, plus utiles.

— Les miennes?

— Oui les vôtres; pourquoi pas?..

—Elles y sont à peu-près les mêmes qu'ici.

— Cependant ici vous n'êtes occupée qu'à vous amuser.

— Je m'amuse aussi à Fullerton; peut-être pas aussi bien qu'ici, je m'y promène comme je le fais à Bath; la différence qu'il y a c'est qu'ici je vois un grand concours de monde, tandis qu'à Fullerton je ne vois que Mistriss Allen avec laquelle je suis souvent seule.

Cette naïveté plut fort à M. Tilney. Seule avec Mistriss Allen, répéta-t-il, cela n'est pas bruyant.

Quand vous retournerez à Fullerton combien de choses vous aurez à raconter à vos parens ! Vous leur direz tout ce que vous aurez vu, tout ce que vous aurez fait.

— Oh, mon Dieu, oui ; je leur conterai tout ce que j'aurai vu avec Mistriss Allen et les autres personnes ; quand je retournerai à la maison, il me semble que je ne pourrai parler d'autre chose que de Bath, car je l'aime beaucoup : si j'avais ici papa, maman et mes sœurs, je crois que je serais trop heureuse ; l'arrivée de mon frère ainé m'a fait un bien grand plaisir. Il est venu à Bath en même tems qu'une autre famille avec laquelle il est lié, et avec laquelle j'ai fait connaissance. Je ne conçois pas, en vérité, que l'on puisse dire que l'on est ennuyé ou fatigué de Bath.

Sans doute avec la candeur des

sentimens que vous manifestez il est impossible de s'ennuyer à Bath; mais les papas, les mamans, les frères, les amies intimes ne sont pas les objets qui occupent ici exclusivement nos élégantes baigneuses ; les bals , les spectacles, les plaisirs, et sur-tout les plaisirs nouveaux, ont bien plus d'attraits pour elles.

Ici la danse qui commença vint mettre fin à leur conversation, et ils ne s'occupèrent plus que du plaisir de danser. M. Tilney reconduisit ensuite Catherine à sa place ; à peine fut-elle assise qu'elle remarqua, dans le nombre des spectateurs un gentelman qui la regardait beaucoup, et qui ne tarda pas à venir se placer immédiatement derrière son partener. C'était un très-bel homme, d'une figure imposante ; il avait passé l'âge de la jeunesse, mais il en avait conservé la vigueur. Il parla à voix basse, mais avec familiarité, à M. Tilney, sans cesser d'avoir les regards attentivement fixés sur Catherine. Celle-ci qui s'en apperçut se troubla, rougit, tourna la tête d'un autre côté, s'imaginant qu'elle n'attirait ainsi l'attention que parce qu'on trouvait quelque chose à redire en elle. Ce gentelman s'éloigna; et M. Tilney s'adressant à Catherine, vous êtes curieuse, lui dit-il, de savoir ce que j'ai à vous dire de ce gentelman : il sait votre nom ; il est bien juste que je vous apprenne le sien : c'est le général Tilney, mon père.

—Oh ! Ce fut la seule réponse de Catherine, mais quelles paroles auraient été plus obligeamment expressives que cet « oh ». Alors à son tour elle ne cessa de tenir ses yeux, où se peignait l'admiration, attachés sur le général ; elle suivit tous ses mouvemens jusqu'à ce qu'il se fût perdu dans la foule. Quelle belle famille, pensa Catherine ; et elle avait la plus grande peine à contenir cette exclamation, prête à lui échapper à chaque instant.

En causant avec M. Tilney vers la fin de la soirée, une nouvelle source de félicité s'ouvrit pour elle. Depuis qu'elle était à Bath elle n'avait encore fait aucune promenade dans les environs de cette ville. Miss Tilney qui les connaissait tous lui en parla de manière à exciter sa curiosité ; mais comment la satisfaire, n'ayant personne qui voulût les parcourir avec elle ? C'est la réflexion qu'elle fit. Aussitôt M. et Miss Tilney s'offrirent pour faire avec elle quelques unes de ces promenades le matin, quand elle le désirerait. Dès demain s'écria-t-elle transportée de plaisir ; rien au monde ne me sera plus agréable. La proposition fut accepté très-obligeamment par Miss Tilney sous la seule condition qu'il ne pleuvrait pas. Catherine assura qu'il ferait très-beau ; et il fut convenu qu'on irait la prendre à midi dans Pulteney-Street. Souvenez-vous, demain à midi, fut la recommandation que se firent les nouvelles amies en se séparant. L'ancienne amie de Catherine, celle qui depuis quinze jours, lui parlait tant de sa tendresse, la démonstrative Isabelle ne se présenta pas à elle de toute la soirée. Elle aurait cependant bien voulu la voir pour lui faire le récit de tout ce qui causait sa joie. Mais il fallut céder au désir que Mistriss Allen lui témoigna de se retirer. Ses esprits étaient tellement agités que ni le repos que l'on trouve chez soi, ni la tranquillité de la nuit ne purent les calmer.

CHAPITRE XI.

Le lendemain le soleil en se levant était couvert de nuages que ses rayons ne traversaient que faiblement. Catherine espérait bien qu'ils se dissiperaient. Son espoir était fondé sur son désir..... Souvent il arrive qu'une belle matinée prépare une journée pluvieuse, tandis que les nuages de la nuit sont dissipés par le soleil levant.... Elle consulta M. Allen pour savoir ce qu'il pensait du tems; mais il n'avait pas son baromètre, et dès-lors il refusa d'émettre une opinion. Elle s'adressa à Mistriss Allen, qui ne fut pas si embarrassée; elle annonça, sans la moindre difficulté, qu'il ferait très-beau, pourvu toutefois que les nuages parvinssent à se dissiper, et que le soleil reprît le dessus.

Vers onze heures quelques gouttes de pluie vinrent frapper les vitres de l'appartement. Le bruit qu'elles firent remplit Catherine de terreur. Oh, mon Dieu ! dit-elle, je crois qu'il pleut. — Il me semble que c'est vrai, dit Mist. Allen. — Il n'y aura donc point de promenade aujourd'hui, reprit Catherine en soupirant. Peut-être ne sera-ce rien ; le tems pourra se remettre à midi. — Cela se pourra bien, ma chère, mais il fera bien sale. — Oh ! qu'est-ce-que cela fait ? On ne pense jamais à la boue. — Je sais, dit tranquillement Mistriss Allen, que vous n'y pensez jamais. — La pluie devient toujours plus forte, dit

Catherine, en regardant à la fenêtre.— Oui, en vérité, les rues seront affreuses, si cela continue. — Voilà déjà quatre parapluies déployés. Que je hais de voir des parapluies ! — C'est effectivement une chose désagréable à porter ; il vaut mieux prendre une voiture, quand il pleut. — Le tems était beau ce matin ! J'espérais bien qu'il continuerait de même. — Assurément personne n'aurait cru qu'il dût pleuvoir ainsi : il y aura bien peu de monde à la *Pump-Room*, si la pluie dure toute la matinée. J'espère que M. Allen pensera à mettre son manteau, quand il voudra y aller : j'ai pourtant grand'peur qu'il ne le veuille pas, parceque je ne puis jamais l'engager à le prendre, quand il sort ; je ne sais pourquoi il s'y refuse, car c'est un vêtement bien bon pour ce tems.

La pluie continuait à tomber, mais moins abondamment; les regards de Catherine se portaient alternativement et sur sa montre et du côté de la fenêtre : l'espoir l'abandonnait ou renaissait selon que la pluie tombait plus ou moins fort. Enfin l'horloge frappa midi, et la pluie ne cessait pas. Vous ne pourrez sortir, ma chère, lui dit Mistriss Allen. — Je ne désespère pas tout-à-fait : encore un quart d'heure et le tems peut se remettre ; il me semble même qu'il s'éclaircit déjà un peu.... Voilà midi vingt minutes, et le tems ne change pas, dit Catherine en soupirant. Que nous serions heureux si nous avions ici le climat de l'Italie ou du midi de la France ! Là il fait toujours si beau, suivant les charmantes descriptions du roman d'Udolphe : quel superbe tems il faisait la nuit de la mort du pauvre Saint-Aubin.

Une demi-heure se passa encore et tint Catherine dans la même perplexité. Au bout de ce tems un rayon de soleil, perçant le nuage, vint briller près d'elle. Cette apparition lui fit faire un saut et pousser un cri de joie. Elle courut à la fenêtre comme pour encourager le soleil à prendre le dessus. Sans doute, il fut sensible à ses vœux ; car dix minutes après les nuages avaient disparu, et le tems devint délicieux ; ce qui justifia l'opinion de Mistriss Allen, qui assurait avoir toujours pensé qu'il ferait beau, si le tems s'éclaircissait. De nouvelles craintes, de nouveaux doutes vinrent alors tourmenter Catherine : pouvait-elle encore espérer que ses amis viendraient ? Miss Tilney ne trouverait-elle pas qu'il avait trop plu pour aller se promener ?

Catherine, qui ne quittait pas la fenêtre, fut très-surprise à l'apparition des deux voitures et des trois personnes qui, quelques jours auparavant, lui avaient causé la même sensation. Isabelle ! mon frère ! M. Thorpe ! s'écria-t-elle : ils viennent peut-être encore me chercher ; mais je déclare à l'avance que je n'irai pas avec eux. En vérité, je ne le puis. Vous voyez que Miss Tilney peut encore venir. Mistriss Allen dit qu'elle avait raison. M. Thorpe se fit bientôt entendre. En montant l'escalier, il criait de toutes ses forces : Miss Morland est-elle prête ? Dépêchez-vous, lui dit-il, en ouvrant la porte avec violence, dépêchez-vous ; nous n'avons pas un moment à perdre ; nous allons à Bristol... Comment vous portez-vous, Mistriss Allen? — A Bristol, mais c'est bien loin. D'ailleurs je ne puis aller avec vous ; j'ai des engagemens ; j'attends quelques amis qui doivent venir dans un instant. John se récria vivement, l'assura qu'elle ne pouvait se dispenser d'aller avec eux. Il pria Mist. Allen d'engager Catherine à y consentir ; il appela Isabelle et James, qui étaient restés dans la voiture, en leur disant de venir comme auxiliaires pour l'aider à persuader Catherine. Ma chère Miss Morland, ajouta-t-il, ne soyez pas si cruelle ; nous aurons un tems charmant ; vous nous remercierez, votre frère et moi, d'avoir conçu ce projet qui s'est formé dans nos têtes au même instant, je crois, pendant que nous déjeûnions. Il y a deux heures que nous serions venus, sans cette maudite pluie ; mais qu'importe, il fait clair de lune, cela sera délicieux. Je suis ravie en pensant que nous allons respirer l'air de la campagne ; cela ne vaut-il pas mille fois mieux que d'aller dans le petit salon de *Pump-Room* ? Nous nous dirigerons sur Clifton, nous y dînerons ; ensuite, si nous en avons encore le tems, nous irons à Kingswerton.—Je doute fort que vous le puissiez, dit Catherine. —Vous doutez toujours, s'écria Thorpe ; nous pourrions aller dix fois plus loin : à Kingswerton d'abord, à Blaize-Castle ensuite, à d'autres endroits encore. James, voilà ta sœur qui dit qu'elle ne peut venir avec nous. — Blaize-Castle ? Quel lieu est-ce, demanda Catherine.—Le plus bel endroit de l'Angleterre, digne qu'on se détourne de cinquante milles pour le voir. — Y a-t-il un château? Un vieux château? — Le plus vieux des Trois Royaumes. — Ressemble-t-il à ceux dont il est parlé dans Udolphe? — Il leur ressemble en tous points. — Réellement! Il y a des tours, de longues galeries? — Il y en a une douzaine. — Comme j'aimerais à voir ce château! Mais je ne le puis; il m'est impossible d'y aller. — Impossible! ma bonne amie, dit Isabelle, vous n'y pensez pas. Pourquoi donc impossible? — Je ne le puis, répondit Catherine, en baissant les yeux dans la crainte de rencontrer ceux d'Isabelle : j'attends Miss Tilney et son frère ; ils doivent venir me prendre pour aller faire une promenade hors de la ville ; ils m'avaient promis d'être ici à midi, mais il pleuvait en ce moment ; à présent qu'il fait beau ils ne peuvent tarder à venir. — Attendez-les ! s'écria ironiquement John. Comme nous tournions Broad-Street, je les ai vus tous les deux dans un élégant phaéton que le frère conduisait. — Vous vous serez certainement trompé. — Non, non, j'en suis sûr; je l'ai vu; n'est-ce pas celui avec lequel vous avez dansé la nuit dernière? — Oui. — Eh bien, je l'ai vu tourner et prendre le Lansdown-Road ; il conduisait une jeune fille fort éveillée. — Cela serait-il possible? — Je vous le jure sur mon âme : je l'ai vu de tout près ; il a un assez joli petit cheval. — C'est étonnant. Ils auront peut-être pensé qu'il faisait trop sale pour se aller promener à pied. — Ils ont eu raison ; car de ma vie je n'ai vu pareille boue. Marcher ! Il vous serait aussi impossible de vous en tirer, qu'il l'est que vous voliez. Il n'a pas fait si mauvais de toute la saison ; il y a un pied de crotte. Isabelle enchérit encore. Vous ne pouvez, ma chère, dit-elle, concevoir combien il fait mauvais ? Allons, venez avec nous, rien ne doit vous en empêcher. — Il est vrai que je désire bien voir ce vieux château. Peut-on y entrer ? Peut-on voir tous les escaliers, toutes les longues files de chambres ? — Oui, oui, nous verrons tout jusqu'aux plus petits cabinets. — Mais Miss Tilney ? Peut-être n'est-elle allée faire un tour avec son frère que pour laisser à la terre le tems de se ressuyer un peu, et peut-être reviendront-ils tout à l'heure. — Tranquillisez-vous là-dessus, vous n'avez rien à craindre. J'ai entendu M. Tilney dire à un homme de sa connaissance qui passait près de sa voiture, qu'il allait jusqu'à Wich-Rocks. — En ce cas, pensez-vous, Mistriss Allen, que je puisse m'en aller? — Comme cela vous plaira, ma chère. — Ils s'écrièrent tous : Mistriss Allen, engagez-la, persuadez-la ; il faut qu'elle vienne avec nous. Pour les contenter Mistriss Allen lui dit : eh bien, ma chère, je suppose que vous vous décidez à y aller; et dans deux minutes ils furent prêts à partir.

En montant en voiture, Catherine était tourmentée par des sentimens divers. Elle était partagée entre le regret d'avoir perdu un très-grand plaisir et l'espoir d'en goûter un aussi grand peut-être, mais d'un genre différent. Elle était blessée de la manière dont les Tilney en avaient agi à son égard, en changeant de projet, sans lui en avoir fait des excuses ; il était une heure plus tard que celle qu'ils avaient fixée pour la promenade, et malgré tout ce qu'elle avait entendu dire de la prodigieuse quantité de boue formée dans la matinée, elle ne pouvait s'empêcher de remarquer que dans le fait il n'y en avait pas assez pour qu'il fût impossible de marcher. D'un autre côté elle trouvait une compensation assez puissante pour la consoler dans le plaisir qu'elle se promettait de parcourir un château semblable à celui dont elle avait lu la description dans Udolphe.

Catherine et John traversèrent rapidement Pulteney-Street, et arrivèrent à Lauza-place, avant que la première eut proféré une seule parole; tandis que John parlait de son cheval, elle rêvait alternativement à des promesses faussées, à des routes, à des ruines, à des phaétons, à des tapisseries mobiles, aux Tilney, à des portes secrètes. Comme ils approchaient d'Argile-Building, elle fut tirée de sa rêverie par John qui lui dit: savez-vous qui est cette jeune Miss qui vous regarde si fixement, comme si elle avait envie de vous parler ? — Qui ? Où ? — Dans la rue, à droite. — Catherine se retourne, regarde, et ne peut se contenir en voyant Miss Tilney qui tenait le bras de son frère, marchant doucement avec lui et ayant tous deux les yeux attachés à sa voiture. Arrêtez! Arrêtez! M. Thorpe, s'écria-t-elle avec vivacité; c'est Miss Tilney, c'est elle ; arrêtez! Et vous m'avez dit que vous les aviez vu partir. Arrêtez donc! je vous en conjure; je veux descendre et aller leur parler.

Au lieu de lui répondre, John mit son cheval au grand trot... Elle perdait de vue les Tilney qui avaient cessé de la regarder, et elle se trouvait déjà en Marchet-place, qu'elle demandait encore à M. Thorpe d'arrêter, qu'elle le suppliait de ne pas aller plus loin, de lui permettre de descendre pour qu'elle fût rejoindre Miss Tilney. John ne faisait que rire, plaisanter, se moquer, fouetter et exciter son cheval; ce qui tourmentait et indignait Catherine. Cependant comme elle ne pouvait descendre malgré son conducteur, il fallut qu'elle se résignât; mais ce ne fut pas sans lui adresser les plus vifs reproches.

Comme vous m'avez trompé M. Thorpe ! Comment avez-vous pu me dire que vous aviez vu M. et Miss Tilney sur la route de Lansdown ?

Je donnerais tout au monde pour n'être pas venue avec vous. Que penseront-ils l'un et l'autre de moi ? Ils m'accuseront d'avoir manqué à ce que je leur devais, surtout en passant si près d'eux sans m'arrêter, sans leur avoir dit un seul mot; vous ne vous faites pas d'idée de la peine que cela me cause. Je ne puis plus goûter de plaisir, ni à Clifton, ni ailleurs. Tout ce que je désire maintenant, c'est de retourner et d'aller les rejoindre. Comment avez-vous pu me dire que vous avez vu M. Tilney conduisant sa sœur en phaéton ?

John se défendait fort maladroitement, et s'excusait en assurant que la personne qu'il avait vue ressemblait tellement à M. Tilney, que sur son âme il gagerait encore que c'était lui.

Après avoir abandonné ce sujet, la promenade n'en devint pas plus agréable. Dans la première course que Catherine avait faite avec John, elle l'avait écouté avec complaisance; cette fois elle n'éprouvait que de l'ennui de tout ce qu'il lui disait, et elle y répondait très-laconiquement. L'idée de Blaize-Castle était seule capable de calmer son mécontentement; elle s'y arrêtait même avec une sorte de plaisir, qu'elle aurait néanmoins sacrifié bien volontiers à celui de faire la promenade projetée et surtout à la crainte d'avoir donné aux Tilney une mauvaise opinion de sa politesse, car elle tenait encore plus à eux qu'au bonheur qu'elle se faisait de visiter ce vieux château; de parcourir une longue et sombre file de grandes salles désertes depuis longtems, mais où l'on trouverait encore des restes de meubles magnifiques ; de découvrir quelques passages bien longs, bien étroits, bien obscurs, dont l'entrée serait sans doute cachée par un panneau d'une ancienne tapisserie de velours, et dans lesquels la lampe, la seule lampe, qu'elle aurait pour s'éclairer pourrait venir à s'éteindre par un violent coup de vent, et la laissant dans la plus profonde obscurité, ne lui donnerait d'autre ressource que de marcher au hasard, jusqu'à ce qu'elle parvint à une ancienne chapelle renfermant les monumens des chevaliers qui avaient habité du tems des croisades cette antique forteresse. Idées qui ont leurs charmes...

Pendant que Catherine se livrait à de telles réflexions on avançait, et il ne se présentait à elle aucune réalité capable de la troubler. On était près de la ville de Keynsham, quand un oh! ah! de Morland, qui était derrière, obligea John à s'arrêter pour en connaître le motif. Je crois, dit James, que nous devrions retourner ; il est trop tard pour aller aujourd'hui plus loin : Isabelle est de mon avis. Nous avons été précisément une heure pour venir de Pulteney-Street ici ; il n'y a pas plus de sept mille ; nous en aurions encore huit au moins pour aller à Blaize-Castle ; cela ne peut se faire, il est trop tard ; nous ferons beaucoup mieux de remettre la partie à un autre jour et de retourner. — Cela m'est égal, dit Thorpe en prenant un ton de mauvaise humeur, et en faisant tourner brusquement son cheval. Si votre frère, ajouta-t-il, n'eût pas pris cette vieille rosse qui ne peut marcher, nous y serions allés très-facilement. Depuis une heure mon cheval serait à Clifton, si je l'avais laissé suivre son allure ; je me suis presque démis le bras à force de le retenir. Morland est un insensé de n'avoir pas un cheval et un gig à lui. — Certainement non, il n'est pas insensé pour cela, dit Catherine très-vivement ; je suis sûre qu'il n'en achetera pas. — Pourquoi donc n'en acheterait-il pas ? — Parce qu'il n'est pas assez riche : s'il en achetait, c'est alors qu'il serait un insensé. A cela John se jetta dans les lieux communs qui étaient sa ressource ordinaire quand la conversation prenait un certain développement : « c'est diablement désagréable d'être pauvre : ceux qui roulent sur l'or et l'argent se plaignent toujours, et se font pauvres quand il leur plaît. » Catherine ne fit aucune attention à toutes ces phrases, et ne chercha pas même à pénétrer dans quel sens elles étaient dites. Trompée sur l'objet qui avait dû être la consolation de son premier désappointement, elle était encore moins disposée à être aimable et beaucoup moins encore à trouver son compagnon agréable. Ils arrivèrent à Pulteney-Street, sans qu'elle eût dit vingt mots.

Lorsqu'elle entra à la maison, le domestique lui apprit que peu après son départ, un gentelman et une lady étaient venus la demander, qu'il avait répondu qu'elle était partie avec M. Thorpe; que la dame s'était informée si elle ne lui avait pas envoyé quelque message; que, sur ce qu'il avait dit que non, cette dame avait cherché une carte, et que n'en ayant point trouvé, elle s'était en allée sans rien dire de plus. Catherine monta l'escalier avec précipitation, et avec un violent battement de cœur. Elle trouva au haut M. Allen qui lui demanda la cause de son prompt retour.—Votre frère, lui dit-il, a eu raison. Je suis bien aise que vous soyez revenue; vous aviez fait là un projet ridicule.

Mistriss Allen conduisit Catherine chez Mistriss Thorpe, pour y passer la soirée. Isabelle arrangea une partie de jeu, et donna John pour partener à son amie: elle s'étendit sur ce qu'il était bien plus agréable d'être chaudement à la maison et de s'y amuser, que d'être par le brouillard et à la nuit sur le chemin ou dans une auberge à Clifton. Elle exprima beaucoup de satisfaction de n'être pas allée au Lower-Room, (*petit salon ou salon inférieur*) et ne cessa d'en parler.

Tous les discours d'Isabelle n'ont pas plus d'intérêt pour nous, qu'ils n'en avaient pour Catherine. En conséquence conduisons celle-ci sur la couche solitaire. Là, en véritable héroïne de roman, elle pourra se livrer aux regrets, aux craintes, aux larmes, et même au désespoir, si elle sait se mettre à la place de celle qu'elle a si souvent admirée; à moins que simple et naturelle, comme elle l'a toujours été jusqu'ici, l'agitation que lui causera encore le souvenir des contrariétés qu'elle éprouva pendant la journée, ne produise d'autre effet que de retarder son sommeil de quelques heures.

FIN DU PREMIER VOLUME.

www.ingramcontent.com/pod-product-compliance
Lightning Source LLC
Chambersburg PA
CBHW061959180426
43198CB00036B/1643